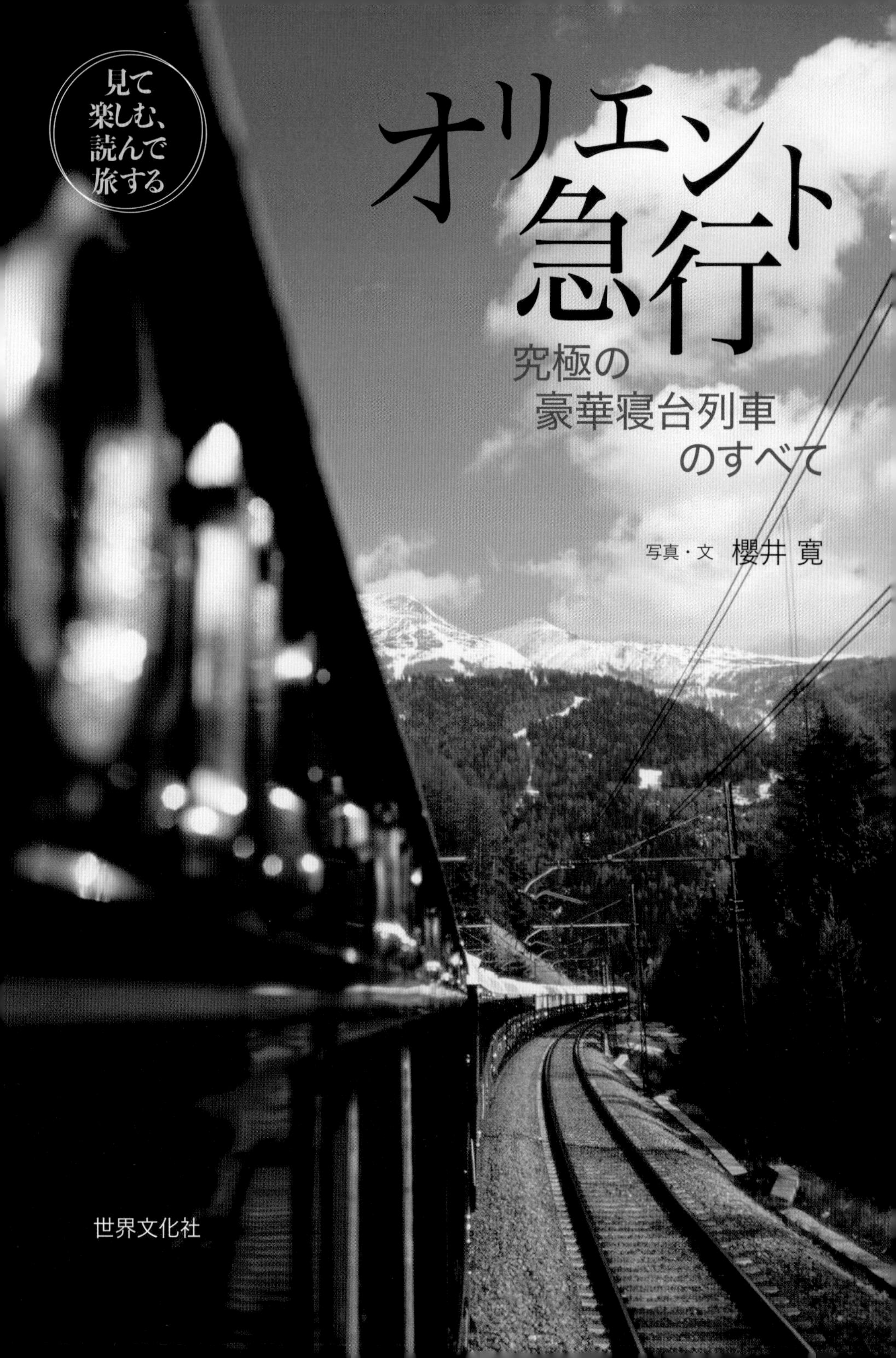

見て楽しむ、読んで旅する

オリエント急行

究極の豪華寝台列車のすべて

写真・文　櫻井 寛

世界文化社

オリエント・エクスプレス'88の夢跡

一九八八年——
憧れのオリエント急行が
日本にやってきた

箱根ラリック美術館のプルマンカー 4158号。
1929年にフランスで製造された優雅な車両。

裸婦と葡萄をモチーフにしたラリックのガラスパネル。4158号の車内に150枚のパネルが。

4158号の車内。床はトルコ絨毯、座席はゴブラン織、壁面にラリックのガラスパネル。

ルネ・ラリックとオリエント急行

日本で唯一、本物の「オリエント急行」に出逢える場所、それは、箱根仙石原に二〇〇五年に開館した「箱根ラリック美術館」である。ラリックとは言うまでもなく、アールヌーボーとアールデコの時代に一世を風靡したフランスの宝飾ガラス工芸作家、ルネ・ラリック（一八六〇～一九四五）のこと。箱根の緑に包まれた美術館内には、ジュエリー、ステンドグラス、シャンデリア、建築装飾など、彼の生涯にわたる作品二三〇点余りが展示されているが、その中でも、最も目を引く作品が「オリエント急行」なのである。

一九二九年、フランスのバティニョール・シャティヨン社で建造されたこのプルマンカー4158号は、ラリックの手によって室内装飾が施され「コート・ダジュール特急」としてデビュー。後年、「オリエント急行」として活躍した。

2017年開催「ラリックの夢を乗せて」展にて学芸員の林田早代氏とオリエント急行グッズ。

左頁上：コンパートメント（個室）の壁面を彩るラリックの代表作「花束」。同右下：天井のランプシェードと葡萄のガラスパネル。左下：テーブルのランプ。その奥に模型の4158号。

プルマンカー４１５８号の車内に一歩入ると、そこはラリックの世界であった。オープンサロンの壁面を飾るのは、「裸婦と葡萄」のガラスパネル。その数、この車両だけで一五〇枚以上というからすごい。一方、コンパートメントの内部はゴージャスな「花束」に彩られ、天井には優雅なランプが並んでいる。どれもこれもラリックの代表作である。

ゴージャスなプルマンカー車内

嬉しいことに、プルマンカー４１５８号は、単なる展示物ではない。実際に乗車することができるのだ。トルコ絨毯が敷き詰められた床を踏みしめ、ゴブラン織の深々とした座席へ。この席に、王侯、貴族、大富豪、小説家、時にはスパイが座ったかも……。想像しただけで胸が高鳴る。その上、この席で、ティー&デザートを味わうこともできる。料金は二二〇〇円、気分はもうパリのリヨン駅である。

二〇〇四年四月二〇日、プルマンカー４１５８号を載せた貨物船が、オランダのムールダイク港より沼津港に着岸した。翌二〇〇五年に開館することになる「箱根ラリック美術館」に収蔵されることになったオリエント急行の一両である。ラリックが手掛けたプルマンカーは、その時点でヨーロッパ各地に五両ほど残っていたそうだが、その中でも４１５８号が最も美しさを留めていたという。

富士山を背景にプルマンカー

光栄なことに、箱根ラリック美術館より、富士山を背景にしたプルマンカー４１５８号の撮影を依頼された。下見と打ち合わせを重ね、撮影場所は国道１３８号の乙女峠に決定。プルマンカーは日通のトレーラーに牽引され、交通量の最も少ない深夜に沼津港から箱根仙石原に向かうので、乙女峠は早朝通過。撮影はワンチャンスである。私は通常の鉄道写真

の撮影とは別のプレッシャーを感じていた。当日、その時間に富士山が姿を見せてくれなければ、元も子もないのである。

かくして、四月二二日早暁、漆黒の闇がゆるみ、東の空が白み始める頃、オリエント急行プルマンカー４１５８号は乙女峠にさしかかる。すると、まるで申し合わせたかのように、真白き富士が浮かび上がった。興奮しながらシャッターを切ったことを今も覚えている。プルマンカー４１５８号は乙女峠を越え仙石原へ、クレーンによって美術館のプラットホームに設置されたのであった。

プルマンカー４１５８号はこの時が初来日ではなかった。一九八八年にパリからシベリア鉄道を経由して来日し、「オリエント・エクスプレス'88」として全国各地を走行した。その時の名場面は、旧知の友人で、現在は「東京駅フォトグラファー」として活躍する佐々木直樹氏撮影の作品をご覧いただきたい。

2004年4月22日早暁、乙女峠にて
富士山とオリエント急行との出会い。

日本各地を走ったオリエント・エクスプレス'88

撮影：佐々木直樹

一九八八年九月七日、パリ・リヨン駅を発ったＮＩＯＥ(ノスタルジー・イスタンブール・オリエント急行)は、フランス、ベルギー、東西ドイツ、ポーランド、そしてソ連のシベリア鉄道、中国鉄路などを経由し一九日後の九月二六日、香港の

九龍駅に到着した。

　香港からは貨物船に搭載され山口県の徳山下松港へ。日立製作所笠戸事業所に回送され、直ちにＪＲ在来線を安全に走行できるように台車交換などの改造工事が施された。

　かくして、一〇月一七日、広島駅を起点に、オリエント急行が日本を一周する「オリエント・エクスプレス’88」はスタートした。列車の編成は、寝台車、食堂車、バーサロン車など一三両編成。ほとんどの車両が濃紺にゴールドの帯を巻いた本家のブルートレインだが、その中の一両がブルーとクリーム色のツートンカラーである。この車両こそ、プルマンカー４１５８号。「オリエント・エクスプレス’88」の食堂車として、北は北海道の札幌から南は九州の熊本まで、日本の全国各地を駆け巡ったのである。

あの“夢のオリエント急行”がアジアの
東端の日いずる国＝日本にやってきた。

日本各地を行くオリエント急行
[右頁] 冷え込んだ朝の名古屋駅に暖房用の石炭が燃える匂いが漂う。東京へ向けて息を整える。
[左頁]右上：国内の運行を終えて山口県へ回送。
左上：雪の上越線。轍の音がループ線に響いた。
右：ヨーロッパの寝台車の窓から、輝く太平洋を眺めるという〝世紀の贅沢〟。根府川鉄橋にて。
下：赤い電気機関車がオーストリアを彷彿とさせるシーンは、九州を駆けるオリエント急行。

榛名山麓を上野駅を目指し堂々
オリエント急行が往く。編成の
ほぼ中央にプルマンカー 4158号。

世界各国でSLに牽引されてきた
オリエント急行。日本もD51を
復活し、特別な装飾を施した。

ツアーのハイライトは、プルマン
カーでゆっくり楽しむディナー。
まさかこの4158号に、箱根の美
術館で会えることになろうとは！

オリエント急行の日本国内運行は、一〇月一七日から一二月二五日まで行われた。一九八八年は日本の鉄道史に残るエポックメーキングな年でもあった。それは、世界最長（当時）の青函トンネルと、世界一（当時）の瀬戸大橋の開通である。これにより北海道も四国も本州と鉄道で結ばれ、結果的にオリエント急行も北海道、四国、九州まで足を延ばすことができたのである。三三年後の今日、線路は繋がっていながら北海道から四国、九州まで直通する列車はない。オリエント急行が叶えてくれた日本一周だったわけだ。

最後に佐々木直樹氏撮影の私の大好きな一枚が、右頁の、オリエント急行の車窓である。この車両こそ、プルマンカー4158号。三三年後の今日、箱根ラリック美術館のル・トランに停車しているオリエント急行なのだ。

HAKATA
SHINKURASHIKI
SHIZUOKA
NOSTALGIE ORIENT
ISTANBUL EXPRESS
TRAIN DE LUXE
MOJI
NAGOYA
UENO
SAPPORO
UENO
TAKAMATSU
HAKATA
NOSTALGIE ORIENT
ISTANBUL EXPRESS
TRAIN DE LUXE
AOMORI
KYOTO
HIROSHIMA
KUMAMOTO
C.IE INTERNATION.LE DES WAGONS-LITS
ET DES GRANDS EXPRESS EUROPÉENS
51 85 09-30 000-1

ル・トラン内に展示されたオリエント急行。あたかも駅のホームに停車しているかのようだ。

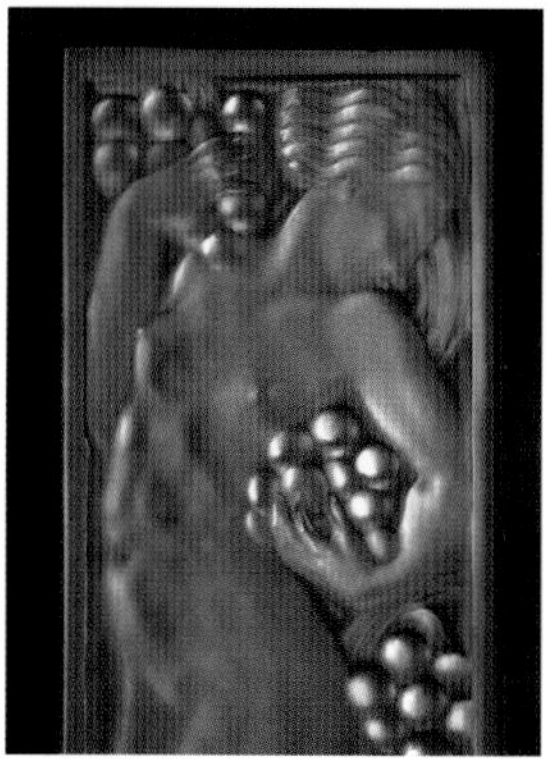

箱根ラリック美術館

アール・ヌーヴォーとアール・デコの時代に活躍したフランスの宝飾ガラス工芸作家ルネ・ラリックの作品約1500点を収蔵する国内最大のラリック美術館。ミュージアム、オリエント急行のあるル・トラン、カフェ・レストランなどからなり、箱根の四季とともにラリック作品を観賞することができる。

所在地：神奈川県足柄下郡箱根町仙石原186-1

電話：0460-84-2255

※営業時間については、美術館にお問合せください。

右頁上：1988年に日本の各地を走った際のオリエント急行のサボ（行き先札）。現在は佐々木直樹氏が所蔵。
下：オリエント急行の象徴、ワゴンリー（国際寝台車会社）の向かい獅子のエンブレム。

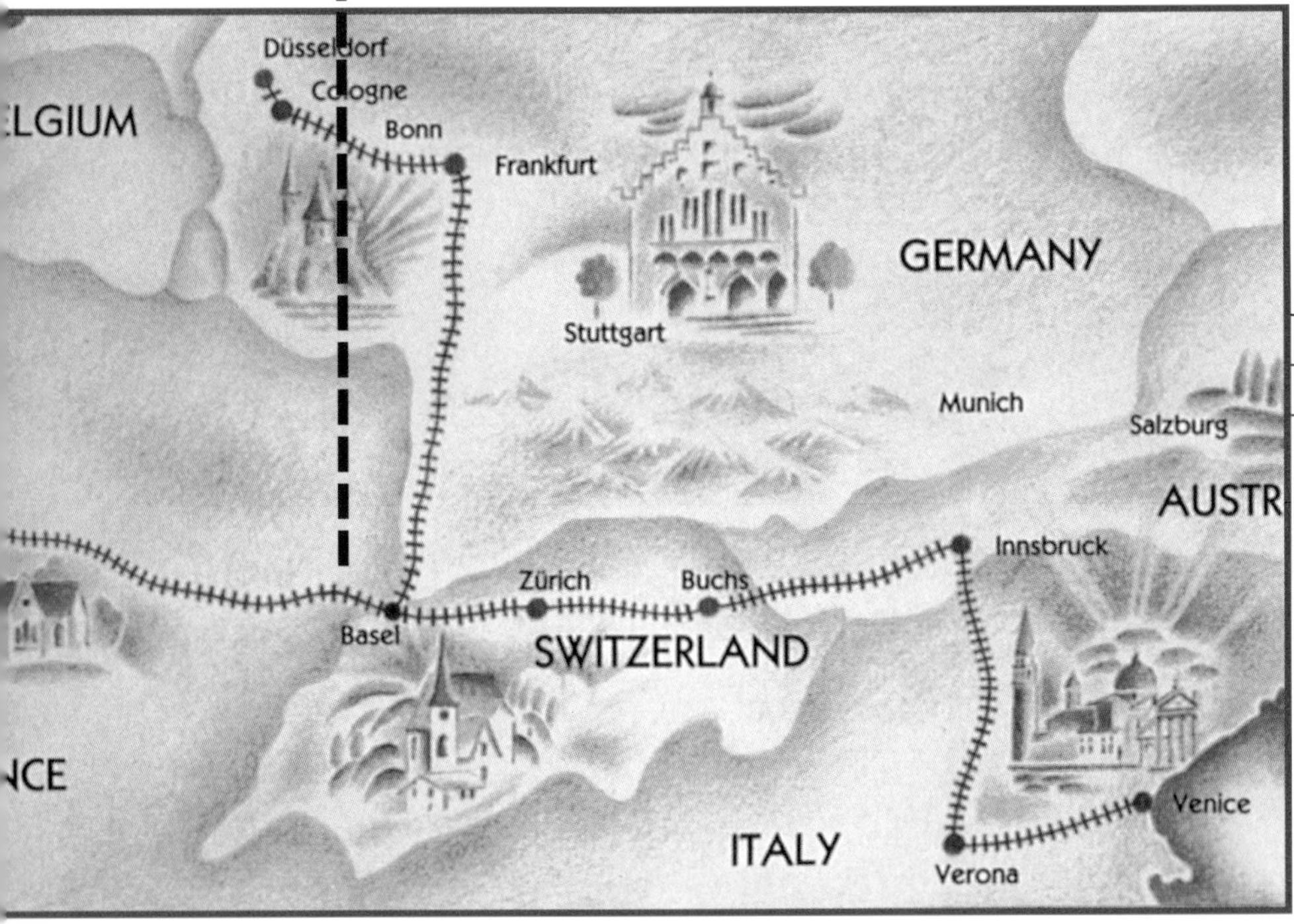

Düsseldorf
Cologne
ELGIUM
Bonn
Frankfurt
GERMANY
Stuttgart
Munich
Salzburg
AUSTR
Innsbruck
Zürich
Buchs
Basel
SWITZERLAND
NCE
ITALY
Venice
Verona

目次
CONTENTS

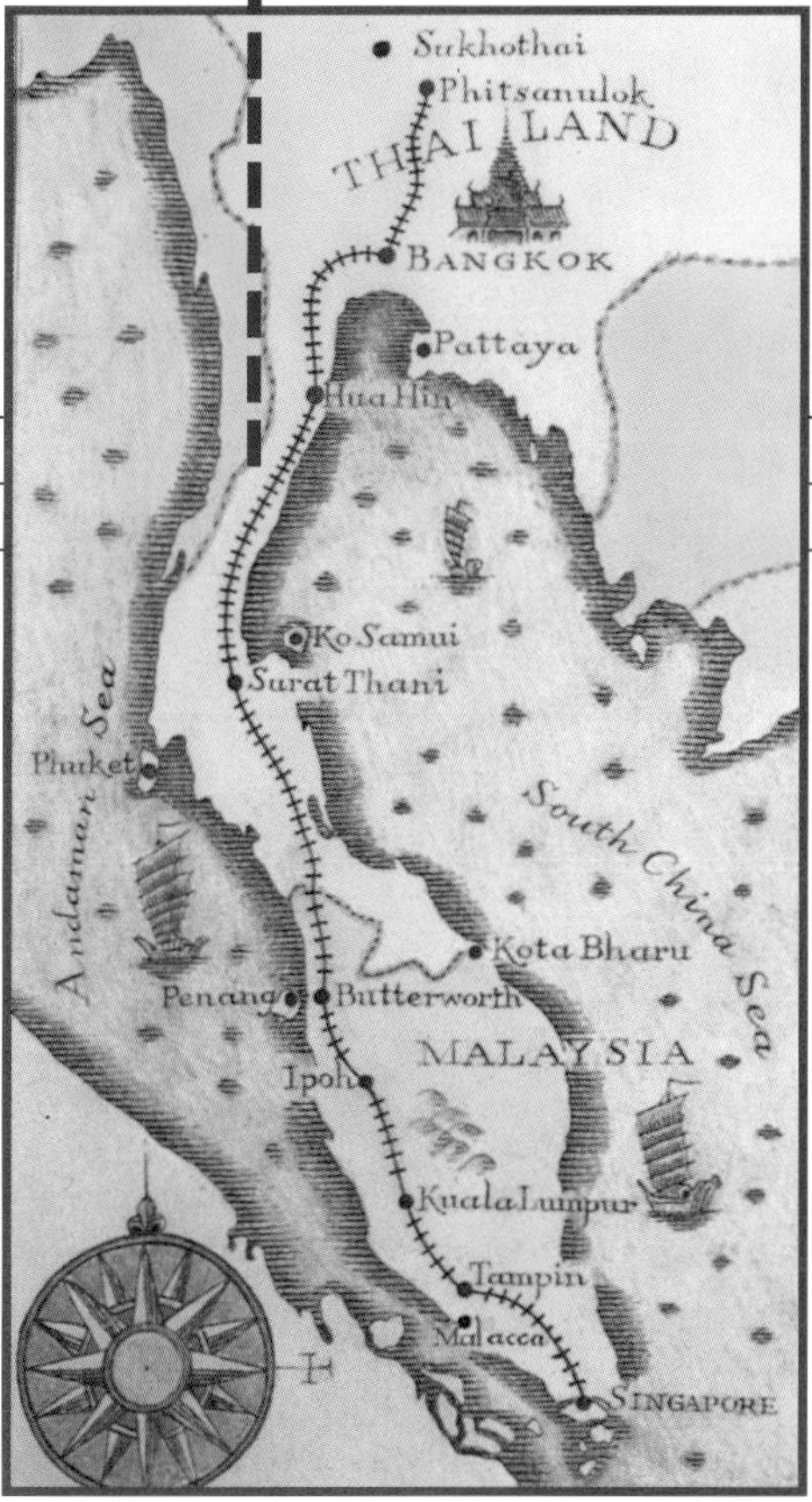
Sukhothai
Phitsanulok
THAILAND
BANGKOK
Pattaya
Hua Hin
Ko Samui
Surat Thani
Phuket
Andaman Sea
South China Sea
Kota Bharu
Penang
Butterworth
MALAYSIA
Ipoh
Kuala Lumpur
Tampin
Malacca
SINGAPORE

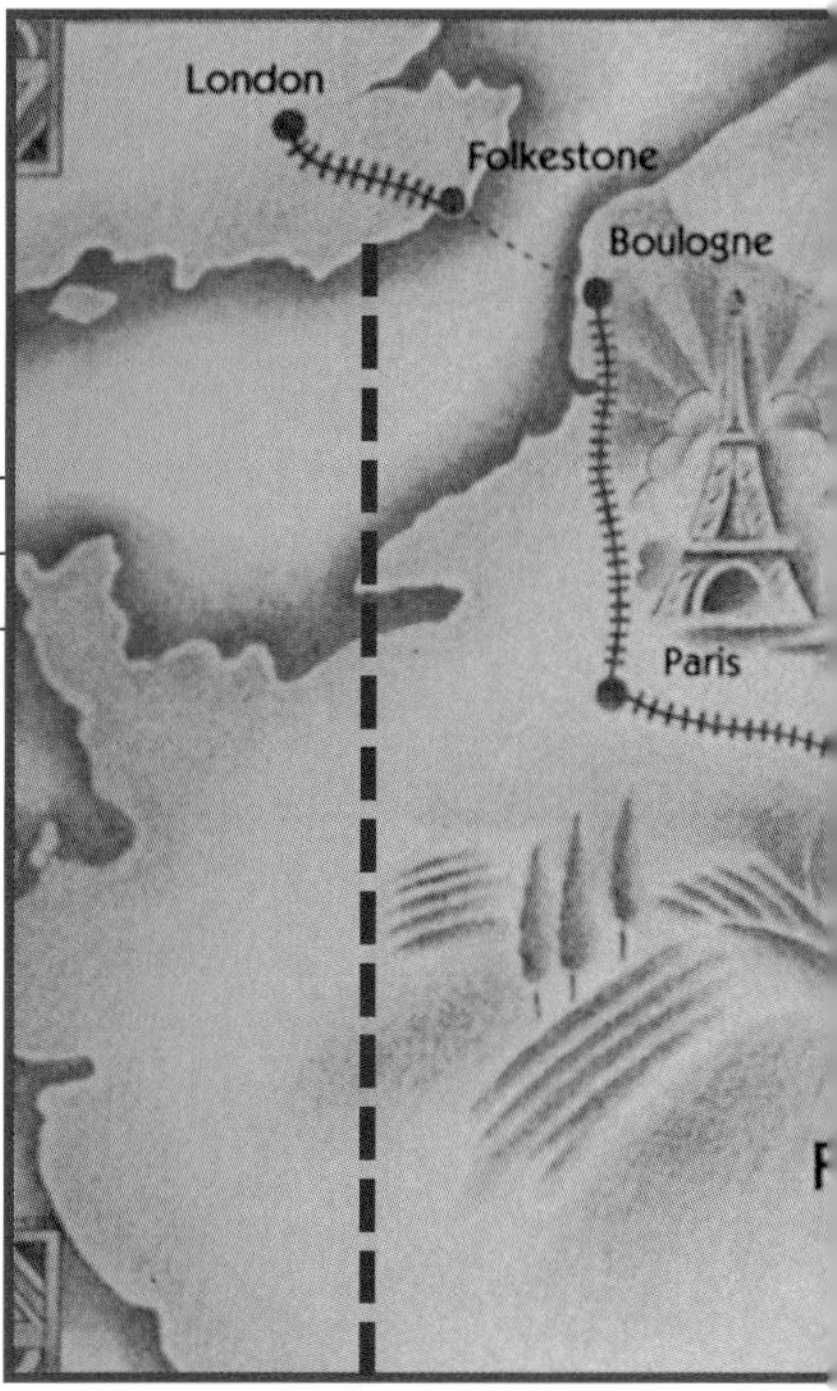
London
Folkestone
Boulogne
Paris

［本文デザイン］
リトルフット

第1章『VSOE』

Venice Simplom-Orient-Express

[ベニス・シンプロン・オリエント・エクスプレス]

ロンドン～フォークストン～ドーバー海峡～ブローニュ～パリ～
バーゼル～チューリッヒ～インスブルック～ブレンナー峠～ベローナ～
ベニス　約1750キロ

VSOE運行路線地図は112ページに掲載

青空にそびえる国会議事堂の時計塔ビッグ・ベン。ロンドン、いや英国のシンボルである。

鉄道に限らず英国は伝統と歴史とに彩られている。騎馬衛兵ロイヤル・ホース・ガーズ。

冬の間にオーバーホールされた車体は見事なまでの美しさを取り戻し3月から運行を再開。

R3
CARROZZA-

ognor Regis
VICTORIA STATION

1860年に開業したヴィクトリア駅。ロンドンの
13ターミナル中、もっとも華やかな存在だ。

VENICE
SIMPLON
ORIENT-EXPRESS
Entrance
NO TROLLEYS
BEYOND THIS POINT

ヴィクトリア駅1、2番線ホームにある『VSOE』の待合室。チェックインはこの中で。

ヴィクトリア駅の2番線に『プルマン』が入線した。華やいだ淑女紳士が乗車を開始する。

バー・カー3674を彩るフラワー・バスケット。

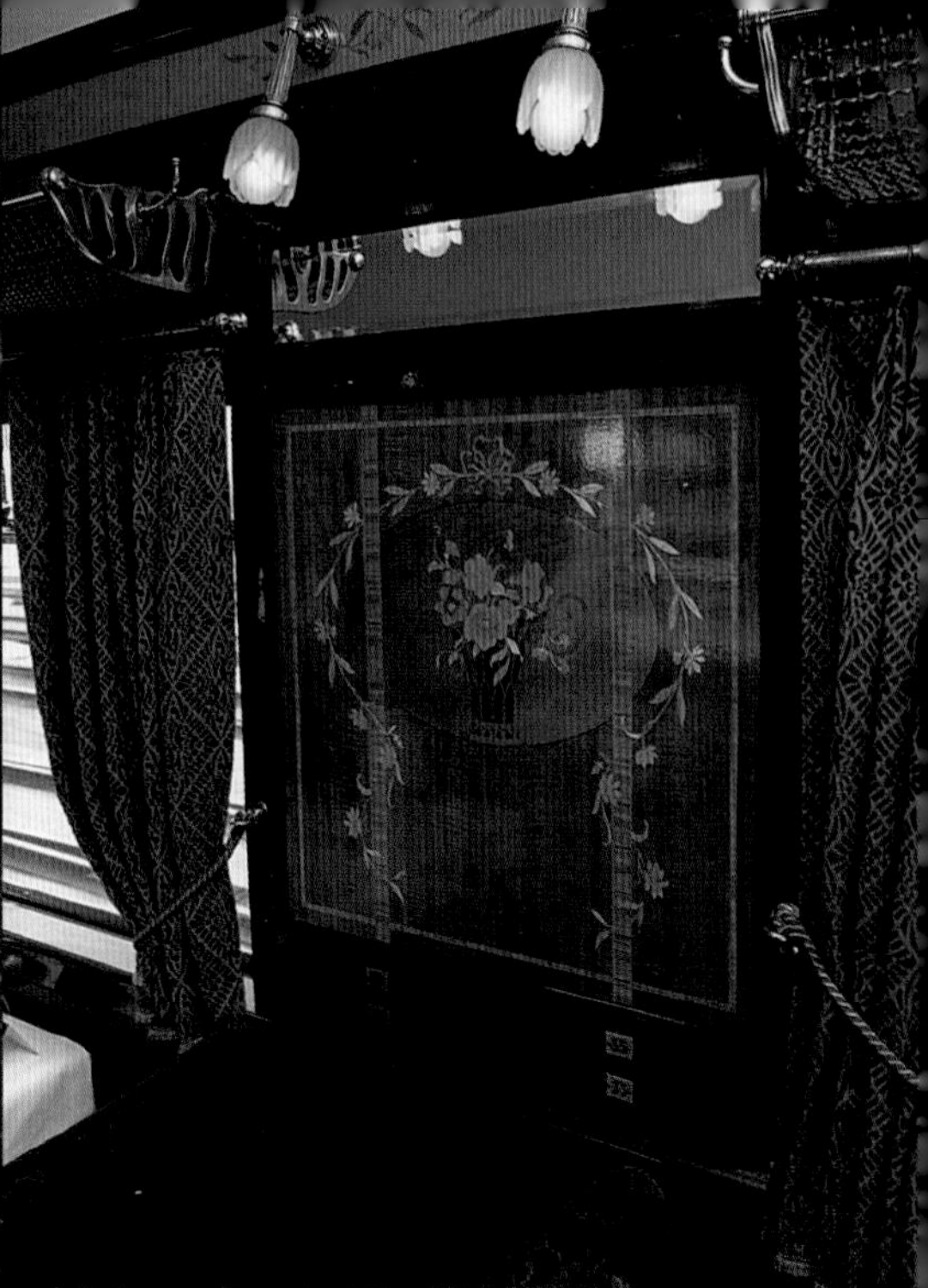

食堂車4110のマーケットリー（寄せ木細工）。

そしてホワイトワインは’95年のシャルドネ。

食堂車4141、ルネ・ラリックのガラスパネル。

『オリエント急行』が誕生したのは、今から一世紀以上も前、日本では未だ東海道本線（東京～神戸）すら全線開業していなかった明治一六年のことである。

一八八三年一〇月四日、パリ・ストラスブール駅（現在の東駅《エスト》）は、その一番列車を一目見ようと詰めかけた、数千の人々の歓声で沸き上がっていた。やがて午後七時三〇分、ピカピカに磨き上げられ、さらにライトアップされた『オリエント急行』一番列車は、オーケストラの奏でる行進曲に送られ、歴史的なスタートを切ったのである。そして、その列車の行き先は、遥《はる》かなるオリエントの地「コンスタンチノープル（現在のイスタンブール）」であった。『オリエント急行』が、人々の注目の的だったのは、パリ～イスタンブール（開業当初はブルガリアのヴァルナ港から船で黒海を南下しコンスタンチノープルへ到着した）、つまり、ヨーロッパからアジアの入り口への初の直通列車であった、という理由だけではなかった。

これまで人々が、見たこともない超豪華列車だったからである。名門ワゴン・リー社（国際寝台車会社）によって新製された寝台車、食堂車は、床にはトルコ絨毯《じゅうたん》が敷き詰められ、壁は総絹《そうきぬ》張り、内装はマホガニーという格調の高さを誇った。まさに世界初の名門豪華列車の誕生、その瞬間だったのである。

栄光の時代は続いた。『オリエント急行』は好評を博し、一九〇〇年代に入ると次々に姉妹列車が誕生した。

ことに第一次世界大戦後は黄金の時代であった。常連客には、ルーマニアのキャロル国王・マリ女王、ギリシャのゲオルギス国王、ブルガリアのボリス三世などの王侯を筆頭に、各国の貴族、高級官僚、外交官、大富豪、小説家、そして時にはスパイ……と、列車内はまさにヨーロッパの

MENU

「ワインのお代りはいかがですか?」と、
チーフ・スチュワード。もちろん、もう一杯!

社交場と化していた。
かのアガサ・クリスティ女史が、不朽の名作『オリエント急行殺人事件』を発表したのも、ちょうどこのころ、一九三四年のことである。当時は、元祖『オリエント急行』の他にも、『シンプロン・オリエント急行』、『アールベルク・オリエント急行』、『オステンデ・ウィーン・オリエント急行』と、合計四本ものオリエント急行が運行されており、まさに百花繚乱《ひゃっかりょうらん》、全盛の黄金時代であった。

しかしながら、第二次大戦後、『オリエント急行』の乗客は徐々に減り始めた。戦争によって急速に発達した航空機が、民間旅客機の開発に拍車をかけ、ヨーロッパの主要都市間を飛び始めたからである。

無理もない、パリ～イスタンブール間をオリエント急行で五六時間（車中二泊三日）要していたものが、プロペラ機ながら飛行機ならわずか六時間で着いてしまうのである。これでは競争にならなかった。『オリエント急行』の常連客たちは駅ではなく、空港へ向かうようになってしまったのである。

かくて一九七七年五月、『オリエント急行』は九四年間にわたる栄光の歴史の幕を下ろしたのであった。

ところがである。運行中止から五年後の一九八二年五月、『オリエント急行』は不死鳥のように再びよみがえった。その名は、『ＶＳＯＥ――ベニス・シンプロン・オリエント急行』。運行区間は往年の『シンプロン・オリエント急行』のルートのパリ～ベニス間に、パリにて接続していたロンドン始発の『ゴールデン・アロー号』のダイヤをプラスして、ロンドン発、パリ経由、ベニス行き！

新たなる『オリエント急行』の旅……。それは英国はロンドンに始まる。

ロンドン・ヴィクトリア駅

ヴィクトリア駅、午前一〇時……。

慌ただしい朝のラッシュアワーもひと段落し、ヴィクトリア駅は本来の落ち着いた雰囲気を取り戻していた。

高いドーム型の天井を見上げれば、うららかな陽光が差し込み、幾本ものプラットホームと広いコンコースとを明るく照らし出している。コンコースに並ぶ屋台では、フラワーショップが、フルーツ店が、そして書店が店開きしたところだ。

花の香りと、果物の甘美な香り、それに書店独特の紙の匂い、さらにはコーヒーショップから香ばしい匂いも漂ってきて優雅な気分にさせてくれる。その前を通り過ぎる人々のゆったりとした歩み、そしてほのかな微笑みは、ヴィクトリア駅をよりいっそう典雅な雰囲気へと導いていた。

ロンドンには実に数多くのターミナル駅がある。スコットランドの玄関駅キングズ・クロス駅。イングランド、スコットランド、北ウェールズを連絡するユーストン駅。イングランド南西部から南ウェールズへと向かうパディントン駅……。主要なターミナルだけでも八駅、近郊列車の発着する始発駅を含めると一三ものターミナルが存在する。

ロンドンよりさらに人口の集中する東京の場合、長距離列車のターミナルは東京、上野、新宿の三駅のみで、渋谷と池袋を含めても五駅に過ぎない。ちなみにパリは六駅、ニューヨークは二駅である。どうしてロンドンにはこれほど数多くのターミナルがあるのだろうか。その理由は創業当時の英国の鉄道は、いずれも私鉄であり、各地方からの私鉄が首都ロンドンに乗り入れを果たし、それぞれが独立した、しかも壮大な規模

73131
E W & S

折しも干潮のフォークストン・ハーバーに進入する
プルマン・カー編成の『オリエント急行』。

の駅舎を建設したからにほかならない。

今となっては、一三ものターミナル駅がバラバラに点在していることは、乗り換えを強いられる利用者にとって不便きわまりないことなのだが、その不便さとは引き換えに各ターミナルはそれぞれ独特な個性を生み出し、特有の顔を持つようになった。

例えば、イングランド中部のシェフィールドなどへ向かうセント・パンクラス駅もそのひとつ。いったいこれは何の博物館か、はたまた宮殿かと思わせるような壮大なゴシック様式の建物なのである。隣接するキングズ・クロス駅の外観が簡素なだけに、これが駅とはにわかには信じ難い。

それもそのはず、セント・パンクラス駅を有するミッドランド鉄道のロンドン乗り入れは、一八六八年と他のターミナルに比べれば比較的後発ゆえに、ロンドンっ子も、あっと驚くような快

壮大なゴシック様式のセント・パンクラス駅。

挙をやってのけたい、という鉄道首脳陣の要請が巨大な駅舎を生んだという経緯があるのだ。

もっとも、あまりに壮大過ぎてロンドンっ子からは「幽霊の出る駅」などと有難くないニックネームを頂戴しているが、ロンドンを代表するゴシック建築であることは間違いない。また'07年にはユーロスターも乗り入れる。

「ふるさとのなまりなつかし　停車場の人ごみの中に　そを聴きにゆく」

と、石川啄木に詠われた我が日本の上野駅だが、東北新幹線が東京駅直通を果たしたころから終着駅の印象が希薄となり、個性もずいぶんと失われてしまった。と嘆くのは私だけではあるまい。その点、ロンドンには今も歴史と伝統とに彩られた数多くの個性的な駅が存在している。

このようなロンドンのターミナル一三駅の中でも、ヴィクトリア駅のポジショニングといえば、もっとも華麗かつもっとも重要なものとして定着している。女王陛下の名を戴いたこの駅は、バッキンガム宮殿のすぐ南側に位置し、周辺は外国公館などの多いロンドンきっての高級住宅街。

さらに、この駅に発着する列車の行き先が、ヨーロッパ大陸への玄関港であるドーバー港、フォークストン港であり、そして全イングランドを統轄する大司教の所在地カンタベリー、同国最大の保養地ブライトンなどとあっては、ヴィクトリア駅は、いやが上にもロンドンの顔であり、表玄関なのである。

開業は一八六〇年のことで、現在の煉瓦造りの駅舎はその後の増築によってできたものだが、赤煉瓦の外壁に、繊細な飾りのつけられたヴィクトリア様式の柱に、大理石のプラットホームに、優雅な香りを色濃く残している。

そんなヴィクトリア駅の、一、二番線プラット

Folkestone Harbour

フォークストン・ハーバー駅に降り立つと、トランペットなどミニ音楽隊の歓迎を受ける。

ホームにある『オリエント急行』専用待合室にてチェックインが始まった。同時に艶《あで》やかに着飾った紳士、淑女らが三々五々集まってくる。その一角はあたかもパーティー会場のような華やかさだ。私も、その行列の最後尾に加わる。すると、すぐ前に並んでいた銀髪のご夫妻から声をかけられた。

「エクスキューズ・ミー、カメラのシャッターを押していただけます?」

そこで、チェックイン・カウンター入り口の『VSOE』のマークを背景に、記念写真を撮ってさし上げる。ファインダーの中に納まったご夫妻の表情は、それはそれは幸せそうな笑顔であった。そして、老婦人はこう言った。

「あなた……、念願が叶いましたね」

その時、我々の目の前、二番線プラットホームに静々と列車が入線してきた。他のプラットホームに停車中の英国鉄道の列車とは明らかに異なる、重厚な琥珀《こはく》色と暖かみのあるクリーム色とに塗り分けられた、クラッシックなスタイルの列車であった。

その列車こそ、我々をベニスへと誘ってくれる、『VSOE』(ベニス・シンプロン・オリエント急行)の第一走者、ロンドン~フォークストン間を担当する『プルマン』であった。

ゴールデン・アロー号再来

「ウエルカム・サー、ミスター・サクライ!」

紺色のスーツ姿の女性に迎えられ、チェックインする。VSOEカラーの濃紺に金色の縁取りが入ったドキュメント・ケースには、ベニスまでの乗車券、旅行案内、手荷物用のタッグなどが収められている。彼女にそれを差し出すと、

「ようこそいらっしゃいました。ベニスまでですね。お荷物はお二つ……」

乗車券、乗車記録、荷物タッグなど切符一式。

「こちらがキャビン・バッゲージ、そしてこちらがスルー・バッゲージですね」

「キャビン・バッゲージはブローニュ発のワゴン・リー（寝台車）の車内でお受け取りください。スルー・バッゲージはベニスまでお預かりいたします」

と説明しながら、手際よく、しかし終始笑顔を絶やさずに乗車の手続きが進められる。

キャビン・バッゲージとは個室内に持ち込むスーツケースのことで、VSOEの場合、ドーバー海峡を越え、フランスのブローニュから乗車する寝台車の車内に直接運び込まれる荷物を指し、スルー・バッゲージは航空機同様、終点のベニスで受け取る荷物のことである。

すべての荷物を自室に持ち込みたい気持ちもわからないでもないが、限られた個室内を広々と使うためには、車内で不必要な荷物はわけてスルーにしたほうが賢い選択と言えよう。

白い崖が印象的な海峡の町、ドーバー。英国が常に大陸と対峙してきた町でもある。

晴天ではあるが、ドーバー海峡より霧が押し寄せる。ここは霧の名所フォークストン港。

ドーバー海峡を行く高速船シーキャット。船の背後にドーバーの白い崖が見える。

シーキャットの船内では『VSOE』のクルーが、ドリンクのサービスに回ってくる。

二つのスーツケースには、やはり濃紺に金色の縁取りの入ったタッグが付され、即座にポーターの手に委ねられた。そして彼女は笑顔とともにボーディング・パスを差し出す。

「車両は『プルマン列車』では『シグナス』の一二番です。ブローニュからの『ワゴン・リー』はＦ号車二番のコンパートメントをご利用ください。では、よいご旅行を！」

いかにも英国人女性らしい、聡明でスマートな接客態度が快い。

大きく、重いスーツケースから解放された私は、ボーディング・パス片手に、二番線に入線中のＶＳＯＥ『プルマン』列車の人となった。

ここでＶＳＯＥ『プルマン』について、簡単に紹介しておこう。各車両の歴史および装飾の詳細については、第二章の『プルマン』に譲るとして、ここでは『オリエント急行』に接続していた英仏間の連絡列車『ゴールデン・アロー号』の時代的な背景を中心に述べてみたい。

序文でも記したとおり、一八八三年に誕生した『オリエント急行』、その全盛時代は一九二〇年代から三〇年代であった。世界史の年表をひもとけば、第一次世界大戦と第二次世界大戦のちょうど間にあたる。さまざまな芸術、文化が開花した、ベル・エポックの時代でもあった。『オリエント急行』はこの時代に芸術性、つまり内外装の豪華さにおいて頂点を極め、同時に列車本数そのものも四本のオリエント急行姉妹が運行されるという、まさに全盛の黄金時代にあった。当時、その四本の中で、もっとも脚光を浴びたのが、スイス～イタリア国境のアルプスを貫いた、開通間もない世界最長のトンネル、「シンプロン・トンネル」を経由するオリエント急行であった。その名も、『シンプロン・オリエント急行』である。

重厚感あふれるワゴン・リー寝台車のダブルキャビン。貫通扉を開けて隣室より望む。

始発駅はパリ・リヨン駅であったが、その『シンプロン・オリエント急行』に接続するダイヤでロンドン〜パリ間を結んでいたのが、ドーバー海峡を挟んで英国側『ゴールデン・アロー号』（一九二九年より運行）、フランス側『フレッシュ・ドール号』（一九二六年より運行）。ちなみに、両列車名の日本語訳は、ともに「黄金の矢」となる。

英国の『ゴールデン・アロー号』は、列車名こそ最後まで『オリエント急行』を名乗らなかった。おそらく、大陸の『オリエント急行』に対しての大英帝国の威信の現れかと推測されるのだが、果たして、一九二四年発行の英国トーマス・クック国際時刻表には、『シンプロン・オリエント急行』は、ロンドン・ヴィクトリア駅一一時発、ベニス翌日一八時五〇分着（終着駅はイスタンブール）、と『オリエント急行』の名のもとでの列車ダイヤが記されている。『ゴールデン・アロー号』は、大陸のオリエント急行に匹敵する豪華車両、すなわち英国の誇る『プルマン』をこの列車に充当した。英国王室を筆頭に各国の元首が乗客名簿にその名を残す、英国での最高級列車である。

そして今日のオリエント急行である、私がたった今乗車したばかりの『ＶＳＯＥ』は、ロンドン〜パリ間の『ゴールデン・アロー号』と、パリ〜ベニス間の『シンプロン・オリエント急行』とを接続させ、当時のダイヤ、当時のルートに準じながら、車両も一九二〇年代のオリジナル車両を使用し、往時のままに運行しているのでる。

一一時一五分、『ＶＳＯＥ』の第一走者『プルマン』は、定刻にロンドン・ヴィクトリア駅二番線プラットホームを軽いショックとともに離れた。さすがに七〇年以上前のアンティークな車両だけあって、重厚なまでの走り出しだ。ベニスまで約１７５０キロ、車中一泊二日、二九時間四

ランチのベジタブル・スープは濃厚な風味。

八分かけてたどる、一九二〇年代へと回帰する旅の始まりである。

「ウエルカム・サー、ミスター・サクライ！」

　発車と同時に、金筋の入った黒ズボンに、金モールのあしらわれた白い上着姿もスマートな、スチュワードよりウエルカム・シャンパン『VSOEレゼルベ』がグラスに注がれる。同時に、シュリンプ、ローストビーフ、キャビアの三種類のカナッペが供される。

　世界一の歴史的豪華列車に乗車できたという昂揚《こうよう》した気分と、発車直後の興奮とが重なって、気分は少々落ち着かないが、まずは前途の旅程に幸多からんことを願ってグラスを重ねる。

　一一時二〇分、スープが供される。トマトをベースにしたベジタブル・スープだ。同時にシャンパングラスが下げられ、ワイングラスが満たされる。白、一九九五年のシャルドネである。スチュワードは、皿やグラスを取り替える際、指紋

DES
SIMPLON-ORIENT

ブローニュにて大陸のワゴン・リー車に乗り換える。
青い制服のチーフ・スチュワードがお出迎え。

がつかぬよう必ずナプキンを添えた上でテーブル上にセットする。これはまさに走る四つ星レストランであると感心する。

同四五分、メインディッシュのスモークド・サーモンにローストチキン添えと、アスパラガスと松の実のサラダが出される。ワインは赤、やはり九五年のドメイン・モントグレーナー。メインの味はあくまでも素材に忠実、日本人好みのあっさり仕上げであった。

一方、この間の車窓風景は、ヴィクトリア駅発車直後から延々続いていたロンドンの街並みも、メインディッシュが出される一一時四五分ごろには途切れ、英国ケント州の菜の花咲くのどかな田園風景へと転ずる。春の陽光が、ゆるやかにうねりながら広がる田園地帯に差し込む。丸々と太った羊が、白と黒の乳牛が草を食んでいる。心温まる車窓風景である。

と、その時、進行右側の車窓を黄色と濃紺のツートーンカラーの列車が、超高速で駆け抜けて行く。一九九四年一一月からロンドン～パリ、ブリュッセル間に運行を始めた最高時速３００キロの超特急『ユーロスター』である。ユーロトンネルの開通によって事実上、グレートブリテン島とヨーロッパ大陸とは陸続きとなり、新星『ユーロスター』が、ロンドン～パリ間をノンストップで、所要わずか三時間という高速で運行されるようになった。

英仏海峡にトンネルを……。という夢は今からおよそ二〇〇年前のナポレオン一世の時代までさかのぼるそうだが、その夢がユーロトンネルによって実現したのである。

しかしながら、我が『オリエント急行』*は、ユーロトンネルを経由はしない。昔ながらの方法でドーバー海峡はフェリーで横断するのである。ちなみにロンドン～パリ間の所要時間は八時間と四五分、『ユーロスター』の約三倍の所要時間

＊2002年よりユーロトンネル経由に変更

を要しているのだが、もとより、これを遅いと感じる乗客などいまい。なぜなら『ＶＳＯＥ』の乗客に先を急ぐ人など皆無なのだから。

　デザートのアップルパイとシナモン・クリームに舌鼓《したつづみ》を打ち、食後のコーヒーを飲みほすころ、列車は港町フォークストンの市内へと入った。煉瓦造りの家並みが整然と並ぶ美しい街並みである。ロンドンを発車して以来、『ＶＳＯＥ』の進行する車窓は、春のうららかな日差しに包まれていたのだが、フォークストンの町に入ってから、列車は足早な霧に包まれてしまった。

デッキの車窓より望むフォークストンの家並み。

　そして一三時一五分、『ＶＳＯＥ』の第一走者である『プルマン』列車は、定刻にフォークストン・ハーバー駅にその歩を止めた。ロンドンを発ってちょうど二時間、目の前には霧に閉ざされたドーバー海峡の白い水面が広がっていた。

霧のドーバー海峡

　列車を降りると、トランペット、ユーフォニウム、バンジョー、そして小太鼓からなるミニ楽隊が歓迎の音楽を奏でていた。プラットホームにて、しばしその軽快な曲に耳を傾けた後、『ＶＳＯＥ』専用待合室へと入る。すると、

「ドーバー海峡濃霧のためシーキャット（高速連絡船）の出港が三〇分ほど遅れる見込みで

COMPAGN
H
SLEEPING CAR
Nº 3539

ブローニュ・マリティム駅にていよいよワゴン・リーに乗車。濃紺の車体が美しい。

す……」

　というアナウンスが流れた。本来なら、一三時一五分にフォークストン駅到着、四五分後の一四時乗船、一四時三〇分出港というスケジュールであったが、この遅れによって、一四時三〇分の乗船時刻まで一時間の余裕がもてた。

　欠航ではなくてよかった。と安堵しながらも、これ幸いと温かい飲み物が用意されている待合室を出て、フォークストンの港を散策することにする。

　フォークストン港は小さな港であった。岸壁に腰を下ろすと、小型の漁船が停泊する入り江が一望の視野に入るほどの大きさだ。ちょうど干潮時とあってか、その漁船はいずれも干潟に船底をあらわにしていた。フォークストンの海は、かなり干満の差が激しいようで、ちょっと日本ではお目にかかれない光景だ。船底を露呈させた船はというものは、陸に乗り上げてしまい

シーキャットの船内。わずか50分で海峡横断。

身動きの取れなくなってしまった亀のようでもあり、なんとも哀れな風情を感じさせる。

入り江の周りには、煉瓦造りで三角屋根の家が整然と立ち並んでいる。その瀟洒《しょうしゃ》な家並みは、ドーバー海峡から押し寄せる霧堤《むてい》によって、あたかもオブラートを透かして見たかのように映っていたが、やがて私自身も霧に包まれ視界は白一色に閉ざされた。

一四時三〇分、英国の出国審査を経てドーバー海峡横断の高速連絡船*「シーキャット」に乗船する。最高45ノット（時速約83キロ）のトップスピードで、フォークストン～ブローニュ間24・5海里（約45キロ）のドーバー海峡を、わずか五〇分で横断してしまう双胴型の高速船である。

定員六〇〇名の船内にあって、左舷のセパレートシート「プレミア」が、VSOE専用のコンパートメントであった。やはりここでも濃紺のユニフォーム姿も美しいVSOEスチュワーデスによるドリンクのサービスがあったが、辞退して右舷後方のデッキに居を移す。

フォークストン港の出港風景を見たかったのと、グレートブリテン島に別れを告げたかったからである。

一五時ちょうど、舫《もや》い綱が解き放たれ、「シーキャット」はゆっくりとフォークストン港の桟橋を離れた。と、その時のことである。港を包み込んでいた霧がにわかに晴れ始め、頭上からは太陽がその顔をのぞかせた。その一条の光がフォークストンの市街地を、あたかもスポット・ライトを照射したかのように描き出す。

街は光り輝いていた。あたかも大陸への旅立ちを祝うかのようにして……。

しかしながら、その晴れ間は束の間のことであった。出港後は再び霧に閉ざされる。しかも、

＊2002年より「ル・シャトル」利用に変更された

ディナーのメインディッシュ。ラムのロースト
にアンティーチョーク、野菜のムース……。

デザートは、チョコレートとコーヒーのムース。
さらにプチ・ケーキが小皿に。

「チーズはいかがでしょうか？」とチーフ・ウェイター氏。ここは走る四つ星レストラン。

高速船「シーキャット」が巻き上げる海水が、飛沫となって後方に流れる。そしてドーバーを霧の彼方へと包み込む。最後部のデッキから見えるものは、白、白、白……。白一色の世界だ。グレートブリテン島に別れを告げる間もなく、視界は閉ざされ、私はすごすごとキャビンへと引き返した。

　やがて左舷にぼんやりと、しかし徐々にはっきりと陸地が見え始めた。フランスである。ヨーロッパ大陸である。と同時に、船内の随所から感激の声が沸き起こる。今日、ロンドン～パリ間は『ユーロスター』でノンストップ三時間である。航空機ならわずかに一時間だ。けれどもユーロスターや航空機では、ドーバー海峡の波濤《はとう》を越えるという感激は味わえない。今や、『VSOE』の乗客だけが、その感激を味わえると言ったら、言い過ぎであろうか。

事実、連絡船の乗り場のある、フォークストン・ハーバー駅、ブローニュ・マリティム駅に直接乗り入れる列車は『VSOE』のみだし、もう一方のドーバー駅、カレー駅ともに連絡船の着く港が駅から遠く離れてしまい、今や鉄道連絡船としての風情は過去のものとなってしまったからである。

　一五時五〇分、フォークストン港とは打って変わって陽光輝くブローニュ港入港。時計の針を一時間進めてフランス時間の一六時五〇分に合わせ直す。国境の港とあって、しっかりパスポートを用意して下船したのだが、入国審査も、税関のチェックも何もないまま、気がついてみれば、そこはすでにフランス国鉄のブローニュ・マリティム駅*構内であった。英国の出入国審査はしっかりして行われていただけに、いささか拍子抜けではある。

　しかしながら、プラットホームへと続く長い

*2002年よりカレー・ウィル駅に変更

つづら折りの階段には、「ビヤン・ヴニュ」と記された横断幕があった。フランス語で「ようこそ！」の意である。殺風景な階段にあって、その文字だけが、「ここはフランスですよ」と語っていた。

美しき青きプリマドンナ

プラットホームにはブルーの車体にゴールドの帯を巻いた一六両編成の列車が、我々の乗車を今や遅しと待ち構えていた。ここブローニュからパリを経由してベニスへと私を導いてくれる「青きプリマドンナ」こと『ワゴン・リー』の寝台車である。

近づいて見れば、あたかも上質な漆塗りを思わせる濃紺の車体の、その中央部には、金色の「向かい獅子《じし》」のレリーフが、いかにも誇らしげに燦然《さんぜん》と光り輝いている。この向かい獅子の紋章こそ、世界一の歴史と、文化と、格式とに彩られた、『オリエント急行』をこの世に生み出したワゴン・リー社の社紋なのである。

ワゴン・リー社はベルギーの若き実業家ジョルジュ・ナヘルマッカーズによって、一八七二年に誕生した。正式な社名は『国際寝台車会社』であったが、「ワゴン・リー」という言葉はフランス語で寝台車を意味する普通名詞でもあった。彼の夢は、自社の快適な寝台車によって、ヨーロッパ全土を横断する国際列車を走らせることにあった。

一八七二年といえば日本は明治五年、文明開化の象徴であった鉄道が新橋〜横浜間に開通した年である。いくらヨーロッパ諸国が国境をはさんで隣り合っているとはいえ、このような鉄道黎明《れいめい》期に、早くも国際列車構想を打ち立てたナヘルマッカーズの先見の明には、驚くほかな

パリ・エスト駅の床に歴史を刻む
1849年開業の銘板。当時はスト
ラスブール駅と呼ばれた。

いが、会社設立から一一年後の一八八三年、彼の夢はパリ発コンスタンチノープル行き『オリエント急行』として結実する。

その後のオリエント急行の歴史は、冒頭に記したとおりだが、その栄光に満ちた歴史は常に「ワゴン・リー」と共にあった。第一次世界大戦、第二次世界大戦の戦火をくぐり抜けながらも、『オリエント急行』と「ワゴン・リー」とは、『オリエント急行』の名において、世界最上級の汽車旅を提供し続けた。しかしながら、栄枯盛衰のたとえどおり、この名列車にも終焉の日が訪れる。『オリエント急行』を廃止に追い込んだのは、戦争ではなかった。戦争によって飛躍的に発達した航空機だったのである。

かくて、一九七一年に創業九九年目にして名門ワゴン・リー社は寝台車事業より撤退し、パリ～イスタンブール間の『オリエント急行』も、その後を追うようにして一九七七年、九四年間の歴史に終止符を打つことになる。

ところがである。今、現実に私の目の前には、「青きプリマドンナ」と謳《うた》われた「ワゴン・リー」の『オリエント急行』が停車している。夢でも、幻でも、ましてやレプリカなんかでもない。本物の『オリエント急行』が、しかも、一点の汚れも翳《かげ》りもない状態で、私の乗車を待っているのだ。

かの『オリエント急行』は、あたかもフェニックスであるかのように、復活したのである。その復活の立役者は、アメリカ生まれの海運王で、現在は英国に住むジェームズ・B・シャーウッド氏、今日の*ベニス・シンプロン・オリエント・エクスプレス社会長、その人である。

一九七七年五月に廃止された『オリエント急行』の車両「ワゴン・リー」は、同年一〇月、モンテカルロのオークションに売りに出される。幼少のころより大の乗り物好きで、古き佳き時代をこよなく愛するシャーウッドは、モンテカ

*現ベルモンド社

140-C-231

パリ・エスト駅にて停車中のブローニュ行き
『VSOE』。折しも懐かしいSLと並ぶ。

ルロにて一九二九年製のワゴン・リー一二両を購入する。これをきっかけに、ヨーロッパ全土の操車場や側線を訪ね歩き、散逸していたオリジナルのワゴン・リーやプルマン・カー、三五両を譲り受ける。

しかしながら、車齢すでに五〇年、世界一の豪華さを誇っていた車体は、ほとんどがその輝きを失い、半ば朽ち果てている車両もあり、もはや『オリエント急行』と呼べる状態にはほど遠かった。そこで五年の歳月と三〇億円もの私財を注ぎ込み、『オリエント急行』がもっとも栄光に満ちていた一九二〇年代の姿に忠実に復元したのであった。

かくして、我々は再びオリジナルの「ワゴン・リー」による、『オリエント急行』の旅を享受できることになったのである。

列車の編成は、通称「ゲンコツ型」と呼ばれる

私の乗車した寝台車3555。1929年の製造である。

ＳＮＣＦ（フランス国鉄）のディーゼル機関車『ＢＢ７２０００』の重連を先頭に、寝台車一〇両、食堂車三両、バーカー一両、そして乗務員用のサービスカー二両の長い一六両編成である。

　ブルーの制服に白手袋という、すこぶるスマートなスチュワードに迎えられ、ボーディング・パスに記されたＦ号車に乗車する。先頭から三両目のダブルキャビン型の寝台車で、車体ナンバーは３５５５。

各個室内には清潔で明るい洗面台が完備。

『ＶＳＯＥ』のワゴン・リーは、いずれも一九二〇年代から三〇年代にかけて造られたビンテージ・カーのみで編成されているが、ちなみにこの寝台車３５５５は、一九二九年、フランスのラロシェルにあるアントロプリーズ・アンドュストゥリエル・シャランテーズ・ゼトル社（以下、ゼトル社）によって建造された一等寝台車で、装飾はネルソンの作品。ピレネー・コートジャルダン急行、シュード急行、そして一九四九年から六一年までは『シンプロン・オリエント急行』として活躍した車両だが、第二次大戦中はリヨンにて走らないホテルとして使用され、再び線路上に返り咲いたという数奇な運命の車両である。

　スチュワードに案内されながら、二番のコンパートメントに落ち着く。今朝、ロンドン・ヴィクトリア駅にて預けたスーツケースは、すでに運び込まれていた。そして窓辺の小テーブルの上には、シャンパン、その名も『ＶＳＯＥ』が銀

車窓より手を振る女性客。その笑顔がすべてを物語っている。

夜のパリ・エスト駅。1883年10月4日『オリエント急行』一番列車はこの駅からスタートした。

パリから乗車する乗客の手荷物をキャビンへと運ぶ、いつも笑顔のスチュワード氏。

ブローニュ行きの『VSOE』はパリで食材を積み込む。材料をチェックする目は厳しい。

色のシャンパンクーラーの中にセットされていた。すっかり忘れてしまっていたが、発車と同時に開栓しようと、東京にて乗車予約の際にリクエストしておいたものである。

　ゆったりとしたソファーに腰を下ろし、改めてコンパートメントの内部を見回す。チーク材をふんだんに用いたインテリア、壁面はマーケットリーと呼ばれる精巧な寄せ木細工、真鍮製のドアノブの優雅な曲線、列車が揺れても音がしないようにと布の巻かれたハンガー、三面鏡の納められた洗面台……。列車の中ゆえに、けっして広い空間とはいえないが、それでもこのゴージャスな個室を、明日の夕刻、ベニスに到着するまで占有できると思うと、心の奥からそこはかとない喜びが沸き上がってくる。『オリエント急行』に乗車した者だけが味わうことができる、喜びである。

　と、その時ノックの音が。ドアを開ければ、先ほどのブルーの制服のスチュワードと、黒に金モールという制服姿のレストラン・マネージャー、そして白い制服のチーフ・ウェイターの三名が立っていた。

「ボンソワール・ムッシュー！」

と、まずはフランス語で乗車の挨拶。私がフランス語は苦手ですよ。と答えれば、直ちに英語にシフトされた。見事なバイリンガルである。

「ご乗車ありがとうございます。レストラン・マネージャーのミケーレです。ご夕食は、一八時三〇分からと、二一時からのふたコースございますが、いかが致しましょうか」

　少々迷いながらも、一八時三〇分のファースト・シッティング（最初の回）と答えると、レストラン・マネージャーは「オリエンタル、1ST、七番」と記された小さな紙片を手渡しながら、

「では、お待ちしております」

と、笑顔で立ち去った。黒髪、小柄、そして

ちょっと太めの体格。それにミケーレという名前からして、彼はどうやらイタリア人であるようだ。

続いて、スチュワードのスティーブ君よりコンパートメント内部の説明があり、ベッドメイキングと、明朝の朝食の時間を尋ねられる。ちなみにスティーブ君は英国人。明日の夕刻のベニス到着まで一番世話になるクルーである。

彼から説明を受けているちょうどその時、『ＶＳＯＥ』の第二走者である『ワゴン・リー』寝台車は、ブローニュ・マリティム駅を発車した。定刻であれば一七時三分発のところ、シーキャットの三〇分遅れの影響で、時計の針は二〇分遅れの一七時二三分を指していた。

黄昏のパリ・エスト駅

ドーバー海峡を越え、明らかに車窓の風景が変わった。どちらも緑の田園風景なのだが、英国側は農家が点在する箱庭的な田園地帯であった。ところが、フランス側には点在する農家は見当たらない。ただただ広大な牧草地が茫洋《ぼうよう》と広がっている。フランスに入って風景が雄大になった。やはり、大陸を感じさせる風景である。

そのような中を『ＶＳＯＥ』は、最高時速１４０キロのスピードでパリへと急ぐ。すでに車齢七〇年になろうとするアンティークな『オリエント急行』としては、なかなかの高速であると言えよう。

やがて一八時三〇分の、ディナー・ファースト・シッティングの時刻が近づいてきた。私はスーツケースを開け、タキシードに着替える。『ＶＳＯＥ』では夕食時に限り、女性はイブニングドレスなどの盛装、男性はタキシードまたはダークスーツの正装というドレスコードが要求されているからだ。たった一晩のために、わざわ

暮れ滞むラ・セーヌの流れ。パリが夜の帳に包まれるころ『VSOE』はベニスへ向け発車する。

ざタキシードを持参するというのは、少なからず面倒ではあったが、それが『オリエント急行』に乗車する条件なのだから文句など言ってはいけない。むしろ、喜んでドレスアップしなければ。なぜなら、世界広しといえども、正装で食事にのぞむ列車など、他には存在しないのだから。

「ウエルカム・サー！　ミスター・サクライ」

ダイニングカーに入れば、くだんのレストラン・マネージャー、ミケーレさんの笑顔がそこにあった。紙片を見せるまでもなく「オリエンタル七番」の座席に案内される。

オリエンタルというのは、この食堂車の正式な名称ではない。食堂車だけで三両も連結されているから、乗客たちに分かりやすいよう、それぞれの内装の特徴によって、「オリエンタル」、「コート・ダジュール」、「エトワール・デュ・ノール」と愛称がつけられているのだ。

ちなみにオリエンタルは、一九二七年、英国バーミンガムのバーミンガム・レイルウェイ・キャリッジ＆ワゴン社によって建造された一等食堂車。『エトワール・デュ・ノール号』、『エーデルワイス号』そして『フレッシュ・ドール号』などヨーロッパの名だたる急行列車に使用された経歴を持ち、内装は後年、フランス・ゼトル社建造の食堂車３５８３の漆塗りのオリエンタル風にその意匠を変更した。

今宵のメニューは、まずアントレーに、蒸した帆立貝のオリーブオイルとレモンドレッシング添え、それに香草入りタルタルソースが添えられたツナ・フィッシュというシーフードである。ディナーとはいえ初夏のヨーロッパは日が長い。時計の針は午後七時を回ったというのに、未だに太陽は、日本の時間にたとえたら午後三時ごろの天空にある。その光線が時折、ダイニングテーブルに強い日差しを投げかける。遅いランチをとっているかのような気分にさせられる。けれども、ダイニングカーを見渡せば、いずれの乗客もイブニングドレスにタキシードの正装である。まさにゴージャスなディナーの世界なのだ。

続くメインディッシュは、ラムのローストにアーティチョーク、ローズマリーのグレビーソース。これに野菜のムースとローストポテトが添えられている。さすがにフランスの味と感心しつつ舌鼓を打つ。

メインの後には、大きなトレイにいっぱいのチーズが供され、デザートはチョコレートとコーヒーのムース、さらにプチ・ケーキというフルコースであった。

ゆったりと食後のコーヒーを味わうころ、太陽はようやく地平線の彼方にその姿を落とした。車窓風景は広大な田園地帯から住宅地に、やがて密集するビル街へと変じた。そのビル群が、

「間もなく、パリですよ」

と、告げているかのようであった。暮れ滞《なず》む車窓の彼方に、エッフェル塔が姿を見せる。そしてモンマルトルの丘に建つ、サンクレール寺院が近づくと、『ＶＳＯＥ』は速度を徐々に落とし、パリ・エスト駅の一番線プラットホームに滑り込んだ。時刻は二一時ちょうど、ブローニュ発車時点の二〇分の遅れはすでに取り戻していた。

今からおよそ百十数年前の一八八三年一〇月四日、パリ・ストラスブール駅は、『オリエント急行』、その一番列車を一目見ようと駆けつけた、数千を越す人々の歓声で沸き上がっていた。やがて、午後七時三〇分、ライトアップされた五両編成の『オリエント急行』は、オーケストラの奏でる行進曲に送られ、歴史的なスタートを切ったのである。

パリ・ストラスブール駅……。歴史にその名を

ディナーの後のバーサロンには着飾った紳士淑女が集う。ヨーロッパの社交場がここにある。

とどめるこの駅こそ、実は今日のパリ・エスト（東）駅、この駅なのである。『VSOE』は、ここでパリからの乗客を迎えるために、四〇分間停車する。ちょうどディナーを終えた私は、タキシード姿のままでプラットホームに降りてみた。停車時間を利用して、一五〇年以上の歴史に彩られるパリ・エスト駅を、散策してみたかったからだ。

ワインで火照った身体に、いよいよ夕闇が迫ろうとするパリの夜風が心地好い。

パリ・エスト駅は、二七番線まである広大な駅であった。『VSOE』はその最西端に位置する一番線プラットホームに停車している。古い資料をひもといても、『オリエント急行』一番列車が、この駅のどのプラットホームから出発したかは記されていない。しかしながら、今から百十数年前という昔から、この駅に二七番線ものプラットホームがあったとは考えられない。通常

優雅なたたずまいのパリ・エスト駅正面玄関。

「グッド・モーニング・サー!」スチュワードの
スティーブ君が笑顔とともに朝食を運ぶ。

の駅とは一番線側から造られる。乗客が増え、列車本数が増え、駅の規模が拡大されるにつれ、二番線、三番線、四番線……と、プラットホームが増築されて行くのが常である。

だとすれば、『オリエント急行』、その一番列車はまさにこのパリ・エスト駅一番線プラットホームから歴史的なスタートを切ったとしても、何の不思議もない。私はそう信じて、改めて一番線プラットホームに停車中の『ＶＳＯＥ』に目をやった。

駅構内の、照明や信号の光など、様々な灯火に浮かび上がる「ワゴン・リー」は、ひときわ美しい光彩を放っていた。光によって時にはブルーに、また時には濃紺に見える気品ある車体、金色に反射するワゴン・リー社の紋章、そして車窓には朱赤に灯るライト・スタンド、見事なまでに豪奢《ごうしゃ》な姿である。

長い停車時間を乗務員に知らされてか、そのプラットホームに何組かの『ＶＳＯＥ』の乗客が降りてきた。イブニングドレスにタキシード姿のカップルばかりである。その瞬間、パリ・エスト駅一番線プラットホームは、夜のパーティー会場に姿を変えていた。

王侯、貴族、外交官、大富豪……と、まさにヨーロッパの社交場と呼ばれた時代の『オリエント急行』がそこにあった。

二一時四〇分、『ＶＳＯＥ』はパリ・エスト駅を発車し、再び東方へ進路をとり走り始めた。私は食堂車に隣接したバーサロン車へと居を移す。ダイニングカーにて満腹となった身体は早々と睡眠を要求していたのだが、もう少し、このままヨーロッパの社交場の雰囲気を味わっていたかったからだ。

バーサロン車３６７４。一九三一年にフランス・ゼトル社によって建造された一等食堂車で、

華麗なるバー・カー3674のサイドビュー。

第二次世界大戦中はドイツ支配下のフランスで国内線として徴用されたが、戦後は、『シンプロン・オリエント急行』、『フレッシュ・ドール号』として華やかに活躍。内装は、『ＶＳＯＥ』のデザイナー、ジェラール・ガレの手によってアール・ヌーボー調に仕上げられている。

　パリ・エスト駅を発車しておよそ三〇分、豪奢に瞬いていたパリの灯はやがて遠く消え、車窓には漆黒の夜の闇が下りた。グランドピアノからは、哀愁を帯びた曲が流れ続ける。ブランデーグラスの中の琥珀色の液体が、列車の振動に合わせて、いつまでも揺れていた。

アールベルク・オリエント急行の道

　翌朝は七時に目覚める。列車はスイスのチューリッヒ・クローテン駅を発車したところであった。もう少し早く、せめて六時前には起き

宵闇せまるアールベルク峠のトリサンナ鉄橋を
パリ行きの『VSOE』が通過して行く。

てスイスの日の出を見たかったのだが、寝過ごしてしまった。昨夜のバーサロン車で、ケルン在住のドイツ人旅行者、マレットさんご夫妻と意気投合してしまい、ブランデーのグラスをいささか重ねすぎてしまったからだ。

確か、深夜一時ごろまでは記憶が鮮明だったのだが、いったい何時にこのキャビンに戻ったのかおぼつかない。その後の記憶は、いきなりすこぶる快適なベッドでの起床であった。ただし、タキシードだけはしっかり脱いだようだ。その証拠に、見事にハンガーに掛けられている。

寝坊の理由はもうひとつある。キャビン内部がほどよくスチームで暖房されていたからだ。一九二〇年代生まれのアンティークな「ワゴン・リー」にエアコンなどない。暖房は各車両の石炭焚きスチーム暖房がすべてである。初夏五月とはいえ、標高の高いスイスやオーストリアを走る『VSOE』に暖房は不可欠。冷え込みそうな夜などは、スチュワードが夜を徹して石炭をくべるのである。スイッチひとつのエアコンとは異なり、スチーム暖房には人の手を介した、本当の温もりがあるように感じられてならなかった。

「グッド・モーニング・サー！　よくお休みになれましたか？」

ノックの音にドアを開ければ、スチュワードのスティーブ君の笑顔がそこにあった。

「朝食の準備が整いましたが、お持ちしましょうか？」

「イエス、いや、着替えるから、一〇分だけ後にしてくれないかな」

「イエス・サー！」

きっかり一〇分後、運ばれてきた朝食は、オレンジジュースにクロワッサン、レーズンペストリーに三種類のジャムとバター、そして濃いコーヒーというコンチネンタル・ブレックファーストであった。しかしながら、一見簡素なコンチネンタルではあったが、クロワッサンなどは、焼き立てをチューリッヒ駅にて先ほど積み込んだもので、まだ温もりが残っており、焼き立てならではの香ばしさを放っていた。ちなみにチューリッヒのパン屋さんは、スタイナー・パン店とのことである。

進行方向左側の車窓に大きな湖水が広がる。スイスとドイツとの国境に位置するボーデン湖である。ドイツの家並みであろうか、対岸の町が湖水から湧き上がる朝靄《あさもや》に煙っている。やがて八時四八分、スイス最後の駅であるブックスに到着となった。

一九二〇年代から三〇年代にかけて、つまり第一次大戦終了（一九一八年）から第二次大戦勃発（一九三九年）までの、およそ二〇年間が、『オリエント急行』のもっとも華やかな時代であった。『オリエント急行』、『シンプロン・オリエント急行』、『アールベルク・オリエント急行』、『オステンデ・ウィーン・オリエント急行』、の四姉妹列車が運行されていた、まさに黄金時代である。

この黄金時代の主役は一九二〇年に運行を開始した『シンプロン・オリエント急行』であった。アルプスを貫く世界初、そして世界最長（当時）のトンネル「シンプロントンネル」を通過することも人気のひとつであったが、なにより風光明媚なスイスを経由することと、ローザンヌ、ミラノ、ベニスといった、華やかな香りを放つ都市に停車するところが魅力であった。

実はシンプロントンネルは、『シンプロン・オリエント急行』が運行を開始する一四年前の一九〇六年には、すでに開通していた。それにも拘らず、何故シンプロントンネル経由、つまりスイス・イタリア経由の『オリエント急行』が運行されなかったのかといえば、それは、ヨーロッパ最

97年5月には往年の『シンプロン・オリエント急行』のルートでも運転された。前方の山はシンプロン峠。スイスのブリーク駅にて。

オーストリアのレッヒタール・アルプスを望みながら快走する『VSOE』。

チロルには中世の城も多い。アールベルク峠ランデック付近の古城をかすめるようにして走る。

高峰の国際列車『オリエント急行』が、自国内を経由しないことを嫌う、ドイツ・オーストリア両国の強力な反対で実現しなかったのである。しかしながら、両国は第一次大戦の敗戦によって、反対するどころか、自国内を通過させることさえままならなくなったのであった。

かのアガサ・クリスティ女史が、夫君である考古学者、マローワン教授の遺跡発掘に同行し、中東へ出かける際、ともに乗車したのが『シンプロン・オリエント急行』であり、小説『オリエント急行殺人事件』の舞台となったのも、一九三〇年代の『シンプロン・オリエント急行』の車内であった。ちなみに、あまりにも有名なこの小説の発表は一九三四年のことである。

さて、今日の『ＶＳＯＥ』（ベニス・シンプロン・オリエント・エクスプレス）は、一九八二年五月に運行を開始した。この列車名が物語っているように、運行区間は往年の『シンプロン・オリエント急行』とほぼ同一でスタートした。すなわち、ロンドン発の『ゴールデン・アロー号』＆『フレッシュ・ドール号』をパリで待ち受け、スイスを経由し、シンプロントンネルを抜けイタリアに入り、ミラノ、ベニスへと至るルートを踏襲《とうしゅう》しての運行再開であった。

ところが最近になって、『ＶＳＯＥ』のルートが一部手直しされた。スイスを経由するところまでは同じだが、シンプロントンネルは通過せず、オーストリアのアールベルク峠を越えてインスブルックを経由し、さらにブレンナー峠を越えてイタリアに入るというルートである。

このルートは、インスブルックまでは、往年の『アールベルク・オリエント急行』と同一であり、かつて、『オリエント急行』四姉妹の中で、もっとも車窓風景が美しいと絶賛されたルートでもある。ＶＳＯＥ社は、せっかくのアルプスの景観を乗客に堪能してもらうために、トンネルではなく、あえて遠回りのアルプス越えのルートに変更したのである。もとより、今日の『オリエント急行』の乗客に、先を急ぐ者などは皆無。景色のいいコースは大歓迎である。

九時九分、先頭に立つ機関車をスイス国鉄のものからから、オーストリア国鉄の赤い電気機関車にバトンタッチした『ＶＳＯＥ』はブックス駅を発車となった。ほどなく、国境のライン川を長い鉄橋で渡河するとリヒテンシュタイン公国。

オーストリア国鉄の車掌が発車の合図を送る。

線路そのものはこの小さな国を通過しているのだが停車駅はない。しかもわずか8キロ、時間にして五分も走らない内に駆け抜けてしまうのである。きょろきょろしている間に、列車はオーストリアに入ってしまった。

いよいよ、『オリエント急行』の行程中、もっとも美しいコースと絶賛された『アールベルク・オリエント急行』の旅の始まりである。

風薫るチロル

ブックス駅を発っておよそ四〇分、それまでは平坦な田園地帯を快調に飛ばしていた『ＶＳＯＥ』だったが、ブルーデンツ駅を通過した辺りから急にスピードが落ち始めた。同時に彼方に見えていた山々が、車窓の目前にまで迫ってきた。列車は山を避けるかのように、森林地帯を右に左にカーブを描くように進む。いよいよ、アー

GRANDS EXPRESS EUROPEENS
R3
RISTORANTE

新緑も美しいチロルを快走する『VSOE』。
イムスト付近にて。

ルベルク越えに差しかかったようだ。

　開けていた谷間も、列車の進行とともに徐々に狭まり、峡谷の趣を呈するようになった。急峻な峠路である。やがて前方に雪を頂く高峰が迫り、一〇時二〇分、長大なトンネルに突入する。全長10・25キロのアールベルクトンネルである。トンネルの上はレッヒタール・アルプスのファルーガ山（2811メートル）だ。

　およそ七分間でトンネルを駆け抜けると、『VSOE』は山間の小駅、ザンクト・アントン・アム・アールベルク駅（以下、ザンクト・アントン）に停車した。英語名ではサン・アントン（聖アントン）というわけだが、アム・アールベルクとはドイツ語で「アールベルク峠の山麓（近く）」という意である。そしてこれより先が、牧歌的なイメージで知られるチロル地方だ。『VSOE』はここで七分間停車する。

　スチュワードのスティーブ君の後についてプラットホームに降りてみる。山岳地帯特有の凛《りん》とした冷気に包まれる。駅の周辺にはチロル地方独特の、骨太の木材で組まれた家並みがわずかばかりの集落をなし、その頭上には白銀に輝く高峰が雄々しくそびえ立っている。よく見れば、ゴンドラを外されたリフトのケーブルのみが、その頂上を目指すかのように幾筋も見える。

　ザンクト・アントンはアルペンスキー発祥の地であり、世界でも有数のスキー場として名高い。今は緑萌える五月、ゲレンデにはカウベルをつけた牛の姿くらいしか見当たらないが、やがて冬が到来するとヨーロッパ各地からのスキーヤーたちで席巻《せっけん》されるのだ。

　一〇時三八分、ザンクト・アントン駅を発車。峠を越えた『VSOE』は再び軽やかな足取りで走り始めた。進行方向右側の車窓に清流が寄り添う。アルプスの雪解け水を集めた豊かな水量のイン川である。この流れは、オーストリア、ドイツ国境の町パッサウにてドナウ川となり、やがて黒海へと注ぐ。つい先ほどまで、アールベルクトンネルの向こう側の流れは、北海へと注ぐライン川の支流であった。列車はヨーロッパを分かつ、大分水嶺を越えたのである。

イン川に沿うチロルの風景は、私を列車の車窓に釘付けにさせた。瑞々《みずみず》しく輝く草原、草を食《は》む羊や牛、点在する三角屋根の農家、教会の尖塔、そして中世の古城……。さらに、その背後には、氷河輝く三千メートル級のオーストリア・アルプスの峰々が連綿とそびえる。さすがに風光明媚なことでナンバーワンを誇った『アールベルク・オリエント急行』の車窓風景である。

コンパートメントの窓ガラスに額を押しつけるようにして、流れゆくチロルの風景を観賞していると、車内放送が流れた。

「レディース&ジェントルメン。ダイニングカーではランチの準備が整いました。ファースト・シッティングをご予約のお客様は、食堂車へお越しください」

私の座席は「エトワール・デュ・ノール」の一二番であった。一九二六年、英国バーミンガムのバーミンガム・レイルウェイ・キャリッジ&ワゴン社によって建造された一等食堂車。やはり、他の『ワゴン・リー』車と同様に、『エトワール・デュ・ノール号』、『ドナウ・エクスプレス』などの名門急行列車に用いられた食堂車で、内装のエトワール・デュ・ノールスタイルの寄せ木細工がとりわけ美しい。

昨夜の食堂車は、「オリエンタル」であった。そして今日は「エトワール・デュ・ノール」。同じ列車内でありながら、その都度、異なったインテリアの車両で食事を楽しめるというのはうれしい配慮である。

さて、ランチ・メニューは、前菜に蒸したスズ

昼のバーサロンはカジュアルな社交場と化す。
バーマンはあくまでもスマートフル。

「ディナーはファーストとセカンドどちらにいたしますか?」とレストラン・マネージャー。

「ランチのお味はいかがでしょうか?」と総シェフのクリスチャン・ボディゲル氏。

キとアスパラガス、キャビア和《あ》えのサワークリーム添え。メインディッシュはチキンの胸肉と小さな伊勢エビ。さらにナス詰めのラビオリとビーンズが食卓を飾っている。ラビオリがメニューに顔を出すあたりは、この列車の行き先がイタリアであることを物語っているかのようである。

車窓には、山頂を白銀に染めたアルプスの峰々が連綿と続く。一方、食卓に目を転ずれば、ゴージャスな料理の数々。移りゆく車窓を眺めながらの食事。鉄道旅行ならではの、目によし、舌によしの旅がここにある。

デザートの氷菓を口にするころ、ダイニングカーにはシェフ帽をかぶった総料理長が現れた。フランス人シェフのクリスチャン・ボディゲル氏である。

「お味のほうは、いかがでしたでしょうか?」と、各テーブルごとに挨拶して歩く。私として

ブレンナー峠にほど近い村、ザンクト・ヨードクを
走る『VSOE』。教会がシンボリックだ。

は、
「エクセレント！　ベリーナイス！」
と、英語で答礼したのだが、ここはフランス語で最大の賛辞を贈りたいものだ。

話は前後するが、一二時一〇分、インスブルック中央駅に到着となった。アルプスの山々に囲まれた高原の都市であり、チロル州の州都でもある。また、冬期オリンピックを二度開催したウィンタースポーツのメッカでもある。『VSOE』はここで進行方向が変わるために一二分間停車する。乗客はもちろんプラットホームに降りることができる。しかしながら、私は今まさに食事中とあって下車することができない。

プラットホームからは冬期オリンピックの会場となったスキーのジャンプ台が見えるはずだ。そのことを知っている乗客たちがカメラを向けている。私はこのときばかりは、ファースト・

インスブルック中央駅では12分間停車する。

シッティングを選んだことを後悔した。

ブレンナー／ブレンネロ峠

一二時二二分、インスブルック中央駅を発車となる。これから先のアルプス越えに備え、先頭の電気機関車は重連に増強された。

アルプスを越える幹線鉄道は三路線ある。前述のスイス～イタリア間のシンプロン越え、スイス国内のゴッタルド越え、そしてオーストリア～イタリア間のブレンナー越えだ。

このうち、シンプロン峠とゴッタルド峠は、シンプロン約20キロ、ゴッタルド約15キロという長大なトンネルで一気にアルプスを貫いてしまうのだが、ブレンナー峠のみは、長いトンネルに依存することなくアルプスを越える。トンネルのない理由は、シンプロン、ゴッタルドともに標高２０００メートルを越える峠であるのに対して、このブレンナー峠は１３７５メートルと、比較的低いことにある。

しかしながら、乗客にとっては、トンネルなどないほうが有難い。その分、車窓の風景が楽しめるからだ。『ＶＳＯＥ』も、運行開始当初は、シンプロン経由であったが、近年になってブレンナー経由にルート変更された。その理由も、もちろんより美しい車窓風景を楽しんでもらうためだという。

車窓よりブレンナー峠を望む。

ザンクト・ヨードクの通称オメガ・ループを上る『VSOE』。白い屋根が印象的だ。

インスブルックの街並みが視界から遠ざかると、ほどなく平坦な緑地は消え去り、それに変わって急峻な谷間が展開した。

列車は右に左にカーブを切りながら、徐々に勾配を登って行く。峡谷には鉄道の他にも、コンクリート製の高い橋桁《はしげた》が印象的なアウトバーン（高速道路）も走っている。道路はかなりの勾配でも、まるで一直線に敷設《ふせつ》されているかのように見える。しかしながら鉄道は急勾配に弱い。出来る限り勾配を緩和させるために、ストレートには上らず、あたかも地図の等高線をなぞるかのようにして、カーブとカーブとを連続させながら上り詰める。

その最たる場所が、インスブルックからおよそ30キロの地点、ザンクト・ヨードク駅付近の通称オメガ・ループである。カーブの形がギリシャ文字の「Ω」の字に似ているところから、こう呼ばれるようになったのだが、ブレンナー峠の名

駅の中に国境があるブレンナー／ブレンネロ駅。

所でもある。間もなくそのオメガ・ループだ。私はコンパートメントの窓をいっぱいに開け、身を乗り出すようにしてカメラを構えた。

　ファインダーの中には、まず先頭に立つ深紅の電気機関車が映り、ひき続いて美しく弧を描く、「ワゴン・リー」の長大編成が飛び込んできた。ブレンナー峠の針葉樹の森に濃紺の車体がよく映える。太陽の光を受け「ワゴン・リー」社の紋章が金色に輝いている。実に美しい列車だと思う。そして、その車内に自分自身がいることを思うと、不可思議な気分になってくる。列車がほとんど一回転してしまうほどのオメガ・ループならではの体験である。

　一三時ちょうど、『ＶＳＯＥ』は峠の勾配区間を上り詰め、ブレンナー駅に到着した。オーストリアとイタリアとの国境駅である。プラットホームの駅名板には「ブレンナー／ブレンネロ」と、ドイツ語、イタリア語の両方が同じ大きさで記されている。その昔、ヒトラーとムッソリーニが握手した歴史的にも重要な峠である。

　ここで『ＶＳＯＥ』は一五分間停車することになっている。しかしながら、プラットホームへ降りることは叶わなかった。チーフ・スチュワードのパスカルさんに申し出たのだが、

「ここは、非常に重要な駅。国境警備のポリスも多いので車内でお待ちください」

とのことであった。昔も今も、重要であることには変わりないようだ。

終着駅ベネツィア・サンタルチア

　一三時二〇分、ブレンナー駅、いや、イタリアに入国したのだからブレンネロ駅を発車となる。英国に本社があるＶＳＯＥ社では、すべて英語表記にしているが、これから先はベニスも、イタリア風にベネツィアと呼ぶことにしよう。

水に育まれ、水とともに歴史を重ねる都市ベネツィア。夕日にゴンドラが浮かび上がる。

かのナポレオンが「世界一美しい客間」と絶賛した、ベネツィアのサンマルコ広場。

終着駅ベネツィア・サンタルチア到着。スチュワードが最後までエスコートしてくれる。

さて、峠は越えて下り勾配になったのだが、車窓風景はこれまでにもまして急峻な峡谷の様相を呈する。頭上には白銀に輝く高峰が姿を現す。ブレンナー峠はアルプス越えの中で、もっとも穏やかなパスとはいわれても、やはりそこはヨーロッパの屋根、アルプス。峠路《とうげみち》が峻険《しゅんけん》であることには変わりがない。列車が峡谷を脱したのは、ブレンネロを発って一時間二〇分後のボルツァーノを過ぎてからのことであった。

イタリアに入って風景が変わった。かっちりとした印象が強かったスイス、オーストリアに対して、どこか、だらしなくなった。空気感も清涼そのものだったのが、少々ほこりっぽくなった。しかしながら、悪い印象ばかりではない。太陽があたかも盛夏を告げるかのように輝きを増した。ラテンの国に来たな。そう感じさせる。

ランチでお腹がいっぱいになった上、イタリアに入って気温も上昇した。風景もまた単調なものになった。こうなっては、自然に瞼《まぶた》が重くなってくる。タタン、タタン、タタン……。規則正しいレールの継ぎ目を渡る音を子守歌に、私はいつしか午睡にひた走っていた。

いったいどのくらい寝入ってしまったのだろうか。ノックの音に目覚めれば、時計の針は一六時を指していた。

「アフタヌーン・ティーをお持ちしました」

ドアの向こうには、スチュワードのスティーブ君が、銀のティーポットを手にいつも変わらぬ笑顔でたたずんでいた。終着駅のベネツィアまで、あと二時間少々である。そして、夢のごとく展開した『ＶＳＯＥ』の旅も、これが最後のティーのサービスとなってしまった。そう思うと実に名残惜しい。

スティーブ君は、テーブルに紅茶とケーキをセットすると、イタリア風に、

車窓にベネツィア本島が見えると間もなく到着。

「ボナペティート！（召し上がれ）」

と言って、コンパートメントを立ち去った。

車窓には、イタリア北部ベネト地方の乾いた風景が流れる。アルプスの北側ではついぞ見かけなかった、ひょろひょろっと天に伸びる糸杉が印象的である。椰子《やし》の木も風にそよいでいる。南国へ来たなと思う。そんな車窓風景を目で追いつつ、最後のティーを味わう。

やがて一七時五〇分、最後の停車駅ベネツィア・メストレ駅を発車になる。と車窓いっぱいに、しかも左右に海が広がった。アドリア海だ。海に架かる鉄橋の先がベネツィア本島であり、『ＶＳＯＥ』の終着駅、ベネツィア・サンタルチア駅である。列車は轟々《ごうごう》と音をたて突き進む。

この鉄橋を渡り終えてしまえば、『オリエント急行』の旅は終わってしまう。そう考えただけで、無性に名残惜しさが込み上げてきた。

（一九九七年五月乗車）

左からチーフ・スチュワード、シェフ、レストラン・マネージャー……。「さようなら、どうもありがとう!」

VSOE運行路線地図

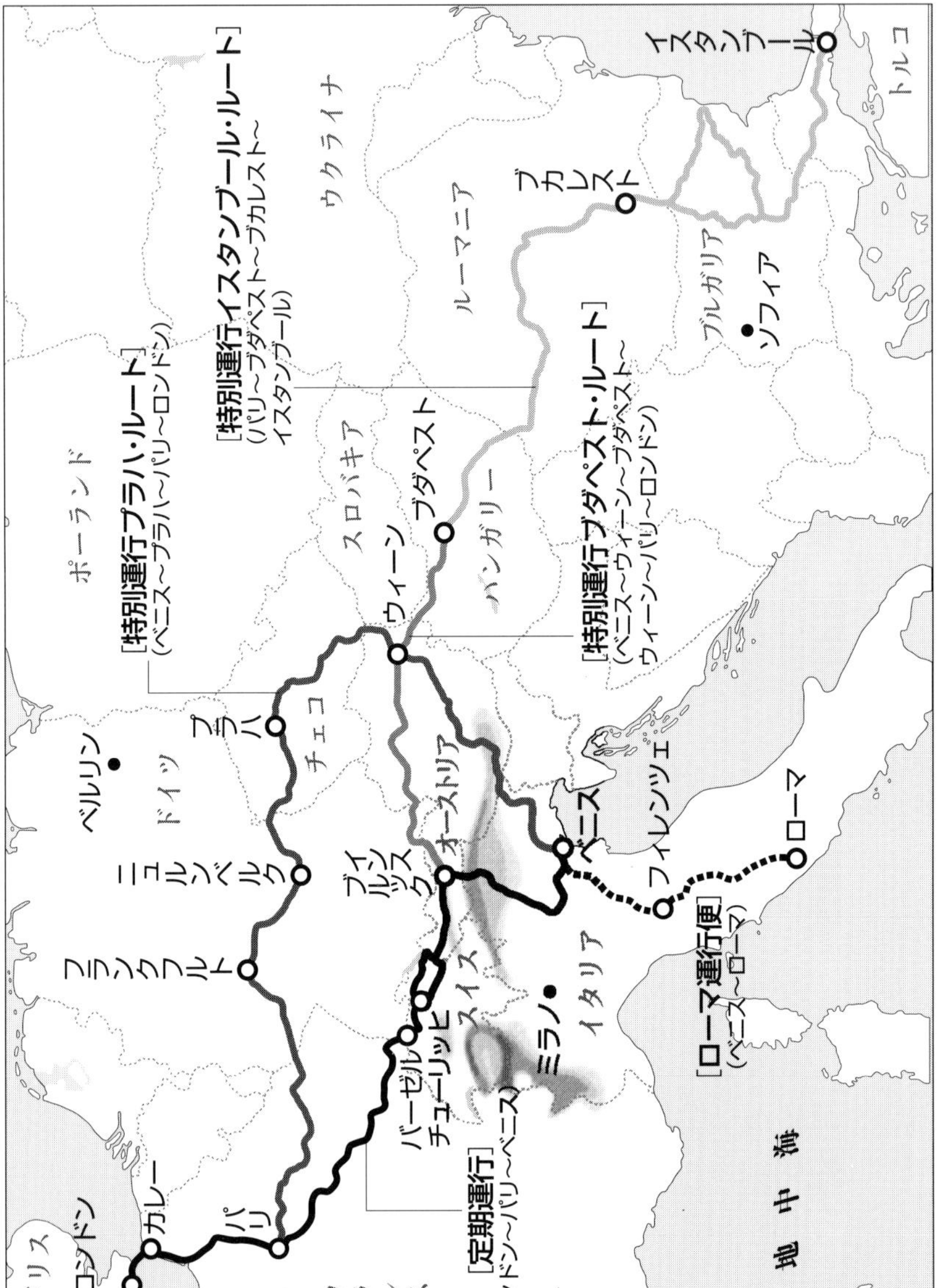

イギリス
ロンドン
フォークストン
カレー
パリ
フランス
[定期運行]
(ロンドン〜パリ〜ベニス)
バーゼル
チューリッヒ
スイス
インスブルック
オーストリア
ミラノ
イタリア
ベニス
フィレンツェ
ローマ
[ローマ運行便]
(ベニス〜ローマ)
地中海
フランクフルト
ニュルンベルク
ベルリン
ドイツ
ポーランド
プラハ
チェコ
[特別運行プラハ・ルート]
(ベニス〜プラハ〜パリ〜ロンドン)
ウィーン
スロバキア
ブダペスト
ハンガリー
[特別運行ブダペスト・ルート]
(ベニス〜ウィーン〜ブダペスト〜
ウィーン〜パリ〜ロンドン)
[特別運行イスタンブール・ルート]
(パリ〜ブダペスト〜ブカレスト〜
イスタンブール)
ウクライナ
ルーマニア
ブカレスト
ブルガリア
ソフィア
イスタンブール
トルコ

第2章『プルマン』

The British Pullman

[ザ・ブリティッシュ・プルマン]

ロンドン〜バース　約185キロ

PULLMAN運行路線地図は144ページに掲載

英国は鉄道発祥の国である――。

それだけにこの国の鉄道は、長い歴史と伝統とに彩られている。

各コンパートメントごとに外開きのドアがずらりと並んだ、あたかも馬車を連ねたかのような古色《こしょく》蒼然《そうぜん》たる電車。その電車が、ロンドンのターミナル駅に今でも出入りしていて驚かされることも多い。

鉄道発祥の国だけあって、国内には数多くの鉄道博物館や保存鉄道がある。鉄道博物館は大は世界最大のヨーク国立鉄道博物館から、小は機関車二～三両の個人所有の小さなものまで。全部含めると、その数約三〇〇軒。保存鉄道は約一〇〇路線。そして、保存されている車両のうち、蒸気機関車だけでも約七〇〇両もあるという。

その数にも驚きだが、さらに驚くべきことには、これらの保存車両の大多数が、ただ単に博

夜のロンドン・ヴィクトリア・ステーション。

物館の陳列物としてあるのではなく、現在も生きていることにある。日本では、東京神田の＊交通博物館が有名だが、いつも残念に思うことは、実際に走る姿を見ることができる車両がたったの一両もないことだ。いわゆる静態《せいたい》保存というわけだが、英国では動態《どうたい》のまま保存することが至極当然なのである。

　さて、数多い英国の歴史的鉄道車両の中でも、客車の中でナンバーワンの豪華車両が、一九二〇年代に造られた『プルマン』である。

　本書の第一章『ＶＳＯＥ』の旅で、ロンドン～フォークストン間の英国国内で乗車したのが、やはり『プルマン』であった。使用される車両は同一だが、その名も『ザ・ブリティッシュ・プルマン』として、イングランド各地へ定期運行されている。走る重要文化財といってもいい。

　本日の行き先は、イングランド南西部に位置する温泉町バース。紀元一世紀から歴史上に登場し、一八世紀以降は、英国民にとって屈指のリゾート地として名高い町である。

　『プルマン』の旅は、再びロンドン・ヴィクトリア駅から始まる。

女王陛下のロイヤル・トレイン

ロンドン・ヴィクトリア駅、午前八時。

　第一章の『ＶＳＯＥ』では、この駅を一一時一五分に発車した。チェックインは一〇時からであったが、朝のラッシュアワーも終わり、ヴィクトリア駅構内には、優雅な空気が流れていた。

　けれども、今朝は違った。午前八時はラッシュアワーのピークとも呼ぶべき時間帯であったからだ。郊外からの通勤電車が到着するたびに、車内からは通勤客がどっと吐き出され、

＊2006年閉館

まずは『VSOE』専用待合室にてチェック・イン。入線を待ち侘びる夫妻の姿が印象的だ。

ヴィクトリア駅の交錯する線路を渡りながら、待望の『プルマン』が2番線ホームに入線する。

先頭に立つのは、かつて『フライング・スコッツマン』を牽引したディーゼル機関車である。

「ウエルカム・マム!」にこやかに乗客を迎えるのは『アイビス号』の担当スチュワード。

皆、足早にコンコースを駆け抜けて行く。

　東京や大阪のような殺人的なラッシュではないけれど、のんびりと歩く英国人の姿など見当たらない。中には、会社に遅刻しそうなのか、プラットホームを全力で疾走する御仁もいる。どこの国のサラリーマンも似たようなものだな。と、我がサラリーマン時代を思い出し、一人苦笑する。

　と、その時。唯一通勤電車が占領していなかった二番線プラットホームに、見覚えのある重厚な琥珀《こはく》色と、暖かみのあるクリーム色のツートーンに塗り分けられた一一両編成の列車が、正に静々《しずしず》と入線してきた。

『プルマン』である。

「エクセレント……」

　このひと言が口をついて出た後は、言葉が出てこなかった。『ＶＳＯＥ』として一度は乗ったことがあるというのに、何度見ても素晴らしい列車である。

　それは、ただ単に美しいというだけではなく、列車でありながらどこか近寄り難い、神々《こうごう》しいほどの気品に満ちていた。

　いつか、どこかでこの感覚に似たものを体験している……。判然としない記憶の糸をたどってみれば、それは東京の原宿駅のプラットホーム上で、偶然にも昭和天皇の「お召《め》し列車」と出会った時のことであった。

　このプルマン・カーは、女王陛下のロイヤル・トレイン（王室列車）にも使用された由緒ある車両なのだ。なるほど、この気品は王室からくるものなのだと納得する。

　発車時刻の九時までには、まだ少々の時間がある。そこで二番線プラットホームを一番前まで歩いてみることにした。これから乗車する『プルマン』を外からじっくり眺めさせていた

機関車の側面を彩る1950年代の英国国鉄エンブレム。

だこうというわけだ。

　列車の編成は後部から、ルシル号、アイオニ号、アイビス号、フェニックス号、ミネルバ号、シグナス号、ヴェラ号、ゼナ号、オードリイ号、ペルセウス号、そして荷物車九号という華麗なるオール・プルマンの一一*両編成であった。

　さらに、その先頭に立つ機関車を見て、私は少なからず衝撃を受けた。なぜならその機関車は、一八六二年から一〇〇年間以上も、ロンドン・キングズ・クロス駅の午前一〇時発車を、ただの一日も、たとえ戦争中であっても守り続けた、英国でもっとも有名かつ頑固な特急列車『フライング・スコッツマン号』の専用機関車だったからである。

　重厚なブリティッシュ・グリーンと明るい若草色のカラーリングも美しい、そのディーゼル機関車は一九六〇年製。当時としては最新のデ

＊2005年現在　グヴェン号が加わり、12両編成

「ハッピー・バースデー!」リリアンおばあちゃんに、
トレイン・マネージャーより花束が。

ルティク・エンジンを搭載し、世界でも最大級の馬力を誇った名機関車なのである。

しかも車体の両サイドには、今は無き英国国鉄のエンブレムが誇らしげに輝いている。英国も日本と同様に国鉄を民営化したから、今日堂々と国鉄のエンブレムを掲げた機関車には、そうそうお目にかかれるものではないのだ。

本来なら博物館にあってしかるべき一九二〇年代生まれのプルマン・カーを、一九六〇年製の『フライング・スコッツマン』のディーゼル機関車が牽引する。これはまさに国宝級の組み合わせではないか。その列車を博物館で見学するという話などではなく、これから実際に乗車してしまうのだ。

これはまさしく、ロイヤル・トレインそのものである。英国鉄道の伝統と気概とに、私は胸が痛くなるほどの感激を受けていた。

デッキに歴史を刻む、1928年プルマン社の製造銘板。

ジョージ・モルティマー・プルマン

さあ、間もなく発車の時刻だ。高鳴る胸を抑えつつ、冷静な面持ちで乗車する。やはり、ここは紳士の国、英国である。努めてジェントルマンに振る舞わなければいけない。なにしろ、英国が誇る伝統の超豪華列車『プルマン』なのだから。

スチュワードの案内で、指定された『フェニックス号』七番の座席に落ち着く。周りの乗客に軽く会釈してから、腰を下ろす。いずれも英国人と思われる年配のご夫妻が多い。

すると、隣席に座る白髪のご婦人がにこやかに声をかけてきた。

「日本からいらっしゃったの？」

「いかが、プルマン・トレインは？」

「この車両はね、女王陛下もフィリップ殿下とお乗りになったのよ！」

と、いかにも高揚した面持ちで話しかけてくる。どうやら興奮していたのは私だけではなかったようだ。英国人にとっても、『プルマン』は特別な存在の列車であることを強く印象づけられる。

そのご婦人の名前は、リリアン・R・ホッジズさん。ロンドンの近郊にお住まいだそうだが、今日は七八歳の誕生日を記念して、お嬢さんとお孫さんの三人で、乗車されたのだそうだ。そのリリアンおばあちゃん、深々としたプルマン・カーの座席にゆったりと腰掛け、ウエルカム・シャンパンを口もとに運ぶ。それは満足そうな笑顔をたたえていた。

ところで、『プルマン』のルーツは実は英国ではない。アメリカなのである。

アメリカの実業家であるジョージ・モルティマー・プルマン(一八三一〜一八九七)が『プルマン・カー』、その生みの親である。

ボルドー、ブルゴーニュ、シャンパーニュ……。
ワインは19種類もが取り揃えられている。

スクランブルドエッグにロースト・ハムとトマト。伝統の英国式ブレックファースト。

一八二五年、ジョージ・スティーブンソンによって英国のストックトン〜ダーリントン間に誕生した鉄道は、わずか五年後の一八三〇年には早くもアメリカ大陸を走り始める。ちなみに日本の開業は英国に遅れること四七年後の一八七二年（明治五年）である。

　アメリカ大陸は言うまでもなく広大である。航空機などなかった当時、鉄道は世紀の大発明であり、最速の交通手段であった。またたく間にアメリカ全土に敷設《ふせつ》されることになる。全長５０００キロに及ぶ初の大陸横断鉄道の完成は一八六九年のことで、この時点で日本の鉄道は未だ新橋をも発車していない。

　さて、アメリカは広大であるがゆえに、いかに当時としては鉄道がもっとも速い交通機関とはいえ、どこに行くにも長時間の乗車を強いられた。

「なんとか、もっと快適に旅行することはできないものだろうか？」

　こう考えたのがプルマンであった。彼は快適な寝台車を考案し一八六七年、シカゴにプルマン車両会社を創設。「プルマン式寝台車」を売り出す。

　この寝台車は全米各地で好評を博し、各鉄道会社（アメリカは現在に至るまで大多数が私鉄）は競って最新の豪華プルマン寝台車を走らせるようになる。その数、実に1万両。

　やがて、『プルマン・カー』は海を渡り、英国へ、ヨーロッパ大陸へ進出する。けれども、英国では成功したものの、ヨーロッパでは結果的に受け入れられなかった。なぜなら、その時すでに、『オリエント急行』の「ワゴン・リー寝台車」がヨーロッパ大陸に君臨していたからである。

　第一章『ＶＳＯＥ』にて、『オリエント急行』と『ワゴン・リー』の生みの親は、ベルギーの

チャーチル元首相の葬送列車も務めた『シグナス号』。

若き実業家であるジョルジュ・ナヘルマッカーズ（一八四五〜一九〇五）であることは既に記したが、実はナヘルマッカーズは、美しい従姉《いとこ》との失恋の痛手を癒《いや》すために、一八六七年から翌年にかけてアメリカ旅行に出かけている。この時に出会ったのが、「プルマン式寝台車」であった。彼は、その快適な居住性に魅《み》せられ、帰国の後、一八七二年ワゴン・リー社を創設するのである。

つまり、豪華列車のルーツは、アメリカのプルマンにあったというわけだ。アメリカはその広大さゆえ、旅客機の登場とともに、やがて旅客列車は衰退の一途をたどり「プルマン車両会社」そのものも消滅してしまった。ヨーロッパでも前述の通り受け入れられなかった。しかしながら、英国では、『プルマン』イコール「特別なる一等車」として、不動の地位を築き今日に至っているのである。

跳躍するカモシカの寄せ木細工で有名な
『ヴェラ号』のコンパートメントにて。

ちょっと見はスマートそのもののクルーだが、
話をすれば意外なほどにフレンドリー。

九時ちょうどにロンドン・ヴィクトリア駅を発車した『プルマン』の車内では、さっそく朝食が始まった。

まずは、ウエルカム・シャンパン、続いて搾《しぼ》りたてのオレンジジュース、苺《いちご》の赤が目にも鮮やかなフレッシュ・フルーツカクテル、そしてメインディッシュは、スクランブルド・エッグにローストハム、トマト、という英国の伝統的な朝食である。

「食後酒はいかがでしょうか？」

ヨーロッパ大陸の、いわゆるコンチネンタル・ブレックファーストとは趣の異なるゴージャスな朝食に舌鼓を打ちながら、窓辺に立てかけられたメニューに目を落とせば、そこには「一八八四年オリジナル・メニュー」と記されている。これは料理の内容が当時と同じということではなく、メニューの文字やデザインが当時のものなのだそうだ。

ところで、一八八四年といえば、オリエント急行が誕生した翌年のことではないか。今から一一三年も前に、これほど立派なメニューが存在していたとは、驚くよりほかない。

食後のコーヒーを味わうころ、黒の燕尾服《えんびふく》に金モールという古式ゆかしいスタイルのトレイン・マネージャー、ロバートさんが車内にやってきた。乗客一人一人に挨拶して回る。

やがて、隣席のリリアンおばあちゃん一家のところまで来ると、それまでは後ろ手に隠し

『アイオニ号』の客室上部に取り付けられたプルマン社の紋章。

エドワード調の寄せ木細工も美しい『ミネルバ号』の車内。

『ゼナ号』の特徴は真鍮製の調度品。
網棚も芸術品だ。

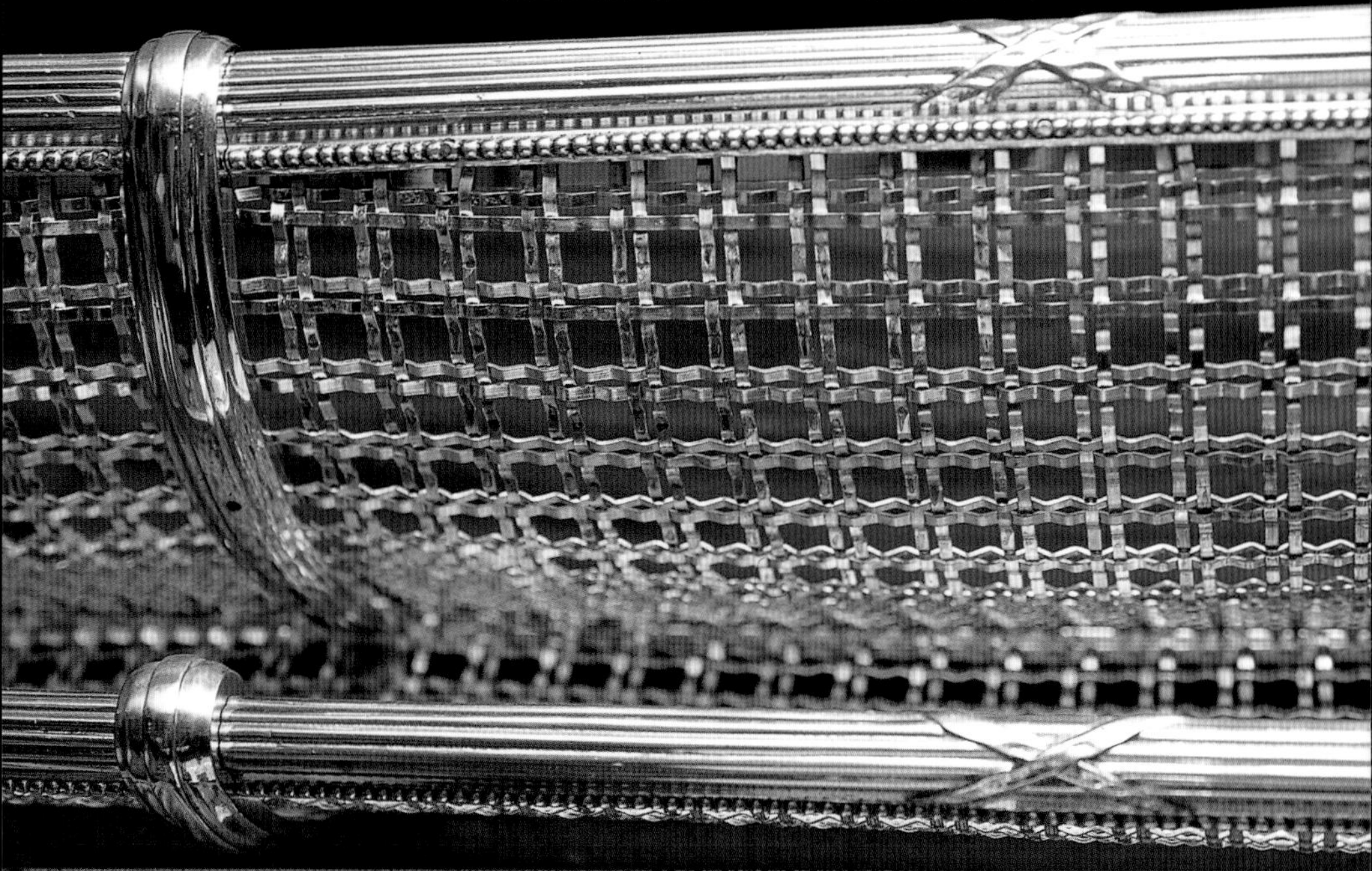

タイルのモザイク画も美しい
『ペルセウス号』の洗面所。

持っていた百合の花束を突然プレゼントした。

そして、

「ハッピー・バースデー、ミセス・ホッジズ！」

と、小声でささやく。おばあちゃんの目は、瞬く間に感激の涙でいっぱいになった。

『プルマン』に限らず、オリエント急行グループの列車である『ＶＳＯＥ』、『Ｅ＆Ｏ』に乗車する際には、乗客名簿に必要事項を記載することになっている。住所、氏名などはもちろん、パスポート番号や、生年月日の欄もある。そこで、本日がリリアンおばあちゃんの誕生日であることが判明したというわけだ。心にくいばかりの、サービスである。

事実、『プルマン』は英国国民にとっては特別な存在の列車である。誕生日、あるいは結婚記念日など、特別な日に乗車する人もまた多いのである。

『ルシル号』の壁面はギリシャ壺の寄せ木細工。

麗しき『プルマン』

ロンドン・ヴィクトリア駅を発っておよそ一時間半、『プルマン』はロンドンの市街地を駆け抜け、バークシャー州の田園地帯を西へ西へと快走していた。

時は春五月、車窓には緑なす丘陵地帯がうねるように、連綿として続く。時折、その車窓が目映《まばゆ》いばかりの黄色一色に彩られる。満開の菜の花畑だ。

草を食《は》む羊たちも車窓の主役である。列車に驚いたのか全力で駆け出すシーンにも出くわす。そこは、のどかなる、イングランド南西部の田園地帯であった。

一方、車内では食後酒の時間となり、席を立つ人が多くなった。皆、各車両のインテリア見物に出かけて行くのである。先ほどから姿が見えなかった、隣席のリリアンおばあちゃんのお孫さん、エリザベスが、興奮した面持ちで帰ってきた。そして私に、

「インテリアが素敵よ！　ぜひ、見ていらっしゃいな……。特に、トイレをね！」

と、いたずらっぽく言う。そこでさっそく私も車内見学に出かけることにした。まずは、先頭のペルセウス号から。

ペルセウス号　PERSEUS

一九三八年に建造が始まったが戦争のため中断し、一九五一年バーミンガム・レイルウェイ・キャリッジ&ワゴン社（以下、バーミンガム社）にて完成する。定員二六名の一等パーラー車として、女王ご一家や外国元首など多くのVIPが乗車する。一九六五年にはチャーチル元首相の葬送列車を務める。壁面にはドーバーに架けられたシェークスピア橋の絵画が飾られている。

『プルマン』の車窓より望むバースの町並み。
バース寺院の大聖堂がシンボリックだ。

オードリイ号　AUDREY

一九三二年メトロポリタン・キャメル・キャリッジ&ワゴン社（以下、メトロポリタン社）によって建造された定員二〇名の一等キッチン車。デビュー当初は往年の名特急ブライトン・ベル（美女）号として活躍したが、一九五一〜六四年まで王室列車として、エリザベス女王とエジンバラ侯がしばしば乗車される。内装の特徴は、真鍮《しんちゅう》製で金色の網棚が多い『プルマン』の中で珍しく銀色。アールデコのランプに寄せ木細工のブライトンの風景が美しい。

ゼナ号　ZENE

一九二八年メトロポリタン社で建造された定員二四名の一等パーラー車。ボーンマス・ベル号、ヨークシャー・プルマン号、ゴールデン・アロー号など数々の名特急に使用され、一九五〇年にはフランス大統領一行が乗車。一九七六年には『オリエント急行殺人事件』の著者アガサ・クリスティを主人公にした映画『アガサ』の撮影に使われる。特に真鍮製のドアノブ、網棚、通風口などが美しく、寄せ木細工はアール・デコ。

『ゼナ号』の真鍮製のドアノブ。

ヴェラ号　VERA

一九三二年メトロポリタン社で建造された定員二〇名の一等キッチン車。ブライトン・ベル

優美な曲線で構成された洗面所の窓。

号の時代には、いつもオードリイ号とペアを組んで活躍していた。一九五三年にはエリザベス女王の海軍ご訪問。翌年にはチャールズ皇太子とアン王女の初めての電気機関車の旅に使用される。デッキの窓は典雅な楕円形であり、壁の寄せ木細工は跳躍するカモシカ。

シグナス号　CYGNUS

ペルセウス号と同様に一九三八年に建造が始まったが戦争のため一時中断。ようやく一九五一年バーミンガム社によって完成した定員二四名の一等パーラー車。女王ご一家や外国元首など多くのＶＩＰを乗せる。一九六五年にはペルセウス号とともにチャーチル元首相の葬送列車を務め、一九七二年のゴールデン・アロー号最終運行にも参加した。インテリアの特徴はシンプルなことにあり、マホガニーのパネル、壁のランプ、網棚の装飾、テーブル上の電気スタンドなどいずれもシンプルなデザイン。化粧室のタイルのモザイク画は、白鳥と裸婦。

ミネルバ号　MINERVA

一九二七年ミッドランド・レイルウェイ・キャリッジ&ワゴン社にて建造された定員二六名の一等ブレーキ車。一九四七年よりデヴォン・ベル号として活躍し、一九五一年には英国フェスティバル記念のゴールデン・アロー号に参

12時15分、バース・スパ駅に到着。乗客たちは
夕刻の発車まで市内観光へと出かけて行く。

PUL

加。同年より一〇年間にわたってゴールデン・アロー号として活躍する。壁面のエドワード調の寄せ木細工が美しいほか、洗面所の床のタイル画「ミネルバの梟《ふくろう》」はこれまた見事。用が無くとも必見の場である。

フェニックス号　PHOENIX

一九二七年メトロポリタン社で建造された定員二六名の一等パーラー車。最初はレインボー号と名付けられたが、火災によって一九五二年ブライトン・プレストン・パーク・ワークスにて再建され、フェニックス号と名付けられる。女王ご一家の王室列車としてしばしば用いられ、ドゴール将軍など多くの外国元首を運ぶ。一九七二年ゴールデン・アロー号の最終運行に参加した後は、フランスのリヨンでレストランとして使われるなど、数奇な運命の持ち主。楕円形の花模様の寄せ木細工が美しい。

アイビス号　IBIS

一九二五年バーミンガム社で建造された定員二〇名の一等キッチン車。落成直後、大陸のワゴン・リー社に移籍し三年間イタリアで活躍。その後、再び英国プルマン社に戻りゴールデン・アロー号や、キュナード社（客船会社）のヴィクトリア〜サザンプトン間特別列車などに活躍する。一〇両編成の『プルマン』の中でも最年長。壁面の寄せ木細工は、ギリシャの踊り子をモチーフとしている。

アイオニ号　IONE

一九二八年メトロポリタン社によって建造された定員二〇名の一等キッチン車。ゴールデン・アロー号、ヨークシャー・プルマン号など数々の名門列車として活躍したが、ことにボーンマス・ベル号時代には、サザン鉄道のポスターに次のように描かれている。「ボーンマス・ベル号、毎日曜日はオール・プルマン編成にて運行」。現在にいたるまでボーンマスはイングランド南海岸に位置する最高級海浜リゾート。アイオニ号もまた数多くの貴族や名士を運んだことであろう。壁の寄せ木細工は華麗なヴィクトリア調。

ルシル号　LUCILLE

一九二八年メトロポリタン社によって建造された定員二四名の一等パーラー車。落成後ロンドン・ノース・イースタン鉄道の名門クイーン・オブ・スコット号として長く活躍する。同鉄道はロンドンからスコットランド方面へ直通する英国きっての幹線。世界最高速の蒸気機関車マラード号などに牽引されて華やかにスコットランドへの鉄路を快走した。壁面の寄せ木細工は素材に柊《ひいらぎ》を使用し、ギリシャの壷をイメージ。化粧室のタイル画は豹《ひょう》と裸婦。

温泉の町バースへ

やがて一二時を過ぎるころ、車窓には美しい町並みが近づいてきた。優美なジョージア王朝に彩られる歴史の町、世界文化遺産の町、そして温泉の町、バースである。英語の「お風呂」の語源となった町としても広く知られている。

やはり、最大の見どころとしては、ローマン・バス（ローマ浴場跡）であろう。二千年も前に造られたものだが、今でも一日に２００万リットルを越す温泉が、こんこんと湧き出ているのだそうだ。午後はそんなバースの町をゆっくり散策する予定である。

一二時一五分、『プルマン』はバース……その名もバース・スパ（温泉）駅に歩を止めた。およそ四時間の観光の後、再び車内に戻れば、そこには温かなアフタヌーン・ティーが待っている。

（一九九七年五月乗車）

ヴィクトリア駅夜の帳が下りるころ、一日の旅を終えた『プルマン』は再びこの駅に帰ってくる。

Chatham · Margate · Ramsgate ·· VICTORIA

プルマン運行路線地図

ヨーク
北海
チェスター
チャッツワース
イギリス
ワーウィック城
ケンブリッジ
ストラットフォード・アポン・エイボン
オックスフォード
ロンドン
ブリストル
バース
リーズ城
ソールズベリー
ウィンチェスター
サザンプトン
ポーツマス
ブライトン
フォークストン
イギリス海峡
フランス

第3章『E&O』

Eastern & Oriental Express

[イースタン＆オリエンタル・エクスプレス]

バンコク～クワイ川～ホアヒン～パダンベサール～バターワース（ペナン）～
クアラルンプール～シンガポール 2052キロ

E&O運行路線地図は219ページに掲載

タイのバンコクからマレーシアを経由してシンガポールへと至る「マレー半島縦断鉄道」は、数多《あまた》ある世界の鉄道路線の中でも、人気のルートである。

エキゾチックな熱帯の車窓風景もさることながら、仏教国「タイ」、回教《イスラム》の国「マレーシア」、そして緑あふれる国際都市「シンガポール」と、列車内に居ながらにして、文化も風土も民族も異なる三つの国を堪能できることが、この鉄道の大きな魅力であろう。

そのマレー半島縦断鉄道に、世界でも屈指の豪華列車が運行されている。その名は……。

『E&O』――イースタン&オリエンタル・エクスプレス。

一九九三年に誕生したこの列車は、ヨーロッパの『VSOE』、『プルマン』などのように、長い歴史と伝統こそないものの、誕生するやいなや、またたく間に世界中の旅好きの心をとら

『E&O』の車体に輝くエンブレム。マレー半島の王者タイガーがトレードマークだ。

え、超豪華列車としての地位を不動のものにした。

ブリティッシュ・レーシング・グリーンを基調とした気品あふれる車体、エレガントな内装、オリエンタルな食材を生かしたフランス料理の数々、行き届いたサービスを提供してくれるクルー、さらに、すべての個室にシャワールームが完備していることなど、『E&O』は世界的に見ても比類なきゴージャスさを誇る列

車として誕生したのである。

それでは、この超豪華列車に身をまかせながら、エキゾティシズムあふれるマレー半島の車窓を堪能する、約2000キロの汽車旅にご案内しよう。

黄金の水都「クルンテープ」

喧噪、渋滞、酷暑……。

今日のタイの首都バンコクを形容する言葉ではある。およそ快適さとは正反対の文字ばかり並んでしまったが、バンコクは魅力的な都市ではないのかと言ったら、それはとんでもない誤解だ。

事実、ヨーロッパの人々にとってタイ、そしてバンコクは東南アジア諸国の中でも、もっともポピュラーな旅行地であり、その人気は衰えることを知らない。さらに、人口六〇〇万人、やはり東南アジアでは香港に次ぐビッグ・シティであるバンコク市民は、自らこの都市をバンコクなどとは呼ばない。

「クルンテープ」……タイ語で「天使の都」というなんとも高雅な香り漂う名前で呼んでいるのである。

バンコク・ドンムアン空港に下り立ち、都心へと向かうリムジンは例外なく大渋滞に巻き込まれる。あふれんばかりの車洪水の只中で、遅々として進まぬ車にいら立ち、クラクションの喧噪に耳を覆い、蒸し暑さに吹き出す汗を拭うと、いったいどこが「天使の都」なんだと腹立たしくもなってくるのだが、メナム・チャオプラヤーの川岸に隣接するホテルに旅装を解き、そのテラスから悠々と流れる母なる大河を目の当たりにすると、いつも決まって心に安らぎを覚えるのが常である。

「チャオプラヤー河の川水は、汚れた薔薇《ばら》色に

母なる大河「メナム・チャオプラヤー」暮色。
対岸のワット・アルンに太陽が姿を落とす。

滞《なず》んでいた」とは、三島由紀夫作『豊饒《ほうじょう》の海』の一節だが、なるほど、この川は汚濁して見える。けれどもこれは、汚染によって濁ったわけではない。母なるチャオプラヤーの水は、もともと濁り色なのだそうだ。

一八世紀まで、バンコクに車や馬車が通る、いわゆる「道路」はなかった。小さなクーロン（運河）が交通手段のすべてであり、現在の渋滞、喧噪など思いもよらぬ静けさから、「東洋のベニス」と讃えられる水の都であった。やがて、押し寄せる車社会によって、クーロンは次々に埋め立てられ、今日のバンコクが形成されていくわけだが、「東洋のベニス」であったバンコクの、その面影をチャオプラヤー河は色濃く残している。

さらに、バンコクの魅力を語る上で、欠くことのできないものに黄金の「ワット」がある。タイ語で仏教寺院のことだ。バンコク市内にその数、三〇〇以上。仏教国であるタイの首都らしい堂々たる数値である。

王宮に隣接するタイ最大の寺院「ワット・プラケオ」、巨大な涅槃《ねはん》像で有名な「ワット・ポー」、暁の寺院「ワット・アルン」、純金の仏陀「ワット・トライミット」、山上の寺院「ワット・サケット」……。著名な寺院だけでも数多く点在するし、日本と異なり小乗仏教のタイの寺院に檀家制度はない。したがってどの寺院にも自由に入れるのがうれしい。

壮大なワットの内部に一歩踏み込めば、あたかも時が止まったかのような静寂に身も心も包まれる。ここに限っては、一見、外界とは隔絶されているかにも見える。

けれども、タイにおける寺院とは、単に信仰の場としてのみでなく、時に集会場、時に学校、時に相談所として存在することを考えると、隔絶どころか外とは常に密着した場なのだと、改めて文化の差を思わずにはいられない。寺院が黄金で飾られるのも、寄進の結果であれば当然のこと。街なかでふと見かける自然な「合掌」の姿にも、つくづく仏教国タイを感じさせられる。

チャオプラヤーの悠久の流れに、仏教寺院の荘厳な静寂に、街行く人々の間に見られる「合掌」に、心の安らぎを覚えるのも、仏教国タイだからこそ味わえる感慨なのかも知れない。

バンコク・ファランポーン駅

出発《たびだち》の朝、チャオプラヤー河を見下ろすホテルのテラスで優雅に朝食をとる。『E&O』のバンコク発車時刻は午前一一時過ぎなので、それまでの時間をゆっくりとホテルで過ごすことができる。

眼下をチャオプラヤー名物のルア・ハンヤオ（エクスプレス・ボート）が、水飛沫《しぶき》を上げながら疾走して行く。通勤客であろうか、上りの船も下りの船もあふれんばかりの乗客たちで満杯だ。エネルギッシュなバンコクの一日の始まりである。

ルア・ハンヤオは船の幅こそ2メートルほどだが、それに対して全長は著しく長い。およそ20メートルはあろうか、という細長い代物である。それだけにスピードも出て、なるほどエクスプレス・ボートなのである。

乗客は船尾から乗り降りするのだが、この乗降のタイミングが実に難しい。チャオプラヤーは川とはいえ、頻繁に往来する船舶が巻き起こす波は不規則かつ常に高い。船はいつでも大きく揺れているからだ。しかも、超多忙なルア・ハンヤオは接岸こそするものの、それはわずかコンマ数秒のことであり、いちいち舫《もや》い綱で係

バンコク・ファランポーン駅は南国調のステンドグラス輝くタイ随一のターミナルである。

船などしない。

地元のバンコクっ子たちは、船が接岸するかしないかの内に、さっさと飛び乗り飛び降りてしまうが、慣れない旅行者にこれは至難のワザなのだ。事実、転落事故も多いと聞く。私も挑戦してみたいのだが、憧れの『E&O』に乗る前に、ずぶ濡れになるのだけはご免だ。

ということで、朝食を終えると早々にホテルをチェックアウト。タクシーでバンコク・ファランポーン駅へ向かうことにした。ファランポーンとはタイ語で「中央」を意味する、つまり中央駅のことだ。バンコク・ファランポーン駅、その姿はタイの首都バンコク、その表玄関である中央駅の名に恥じない、堂々たる威容を誇っていた。

巨大なドームに吸い込まれるかのようにして、バンコク・ファランポーン駅構内へと一歩踏み込む。と、そこにはかつての上野駅にも似た懐かしい香りに包まれていた。

切符を求めるために窓口に行列する人々、一人では持ちきれないほどたくさんの荷物を抱えて立ち往生しているおばあさん、待合室の長椅子でコックリコックリ居眠りするおじいさん、駅弁と呼ぶのかどうかは知らないが、とにかく元気いっぱいの弁当売りのおばさん、そして子だくさんのお母さん。タイの各地方のお国言葉が聞こえてくるような、そんな温もりを感じさせてくれる駅である。

さて、目指す列車は何処《いずこ》であろうか。右往左往する人垣をかいくぐりつつ、プラットホームへと歩を進める。と、人々の肩越しにひときわ美しく光り輝く列車が見え隠れしている。

「あっ！　あれだ！　E&O《オリエント急行》！」

三番線プラットホームには、すでに『E&O』（イースタン&オリエンタル・エクスプレス）が入線していた。

　重厚感あふれるブリティッシュ・レーシング・グリーン色の車体が遠目にも華麗だ。失礼ながら、他のプラットホームに入線中のタイ国鉄の列車が、少なからず汚れ煤けているだけに、まさに『Ｅ＆Ｏ』は燦然《さんぜん》と輝いて見える。私は吸い寄せられるかのようにして、プラットホームへと駆け出していた。

ウエルカム・アボード！

　マレー半島を縦断する鉄道に、オリエント急行を走らせるという夢は、一九三二年、当時は英国領だったシンガポール駅の開設式典の席上において、英国マレー海峡植民地総督セシル・クレメンティ卿によって述べられた祝辞の中に初見される。

　それは、シンガポール〜バンコク間、約２０００キロのマレー半島縦断のみならず、シンガポールからヨーロッパまで鉄道を直通させるという、壮大な構想であった。

　一九三〇年代といえばヨーロッパでは、一八八三年にパリ〜コンスタンチノープル間に誕生した『オリエント急行』が、英国連絡の『オステンデ・ウィーン・オリエント急行』、アルプス越えの『シンプロン・オリエント急行』など三本の姉妹列車を生み、同時に四本の『オリエント急行』が運転されるという、まさに『オリエント急行』の黄金時代であった。アガサ・クリスティが不朽の名作『オリエント急行殺人事件』を発表したのも一九三四年、やはり三〇年代のことである。

　このような時代背景において、ヨーロッパとアジアとを結ぶ直通鉄道の構想、つまりイスタンブール〜シンガポール間１万４０００キロに『オリエント急行』を走らせる夢は、交通機

3

3番線ホームに入線中の『E&O』。ブリティッシュ・グリーンの車体が重厚な光沢を放つ。

関、ことに鉄道の発達によって世界が飛躍的に近くなりつつあった当時、すこぶる自然な発想であったと思われる。

　クレメンティ卿の夢は、一九三九年に勃発した第二次世界大戦さえなければ、あるいは四〇年代には実現していたかも知れない。しかしその後、ヨーロッパの『オリエント急行』はどうなったのかと言えば、第二次世界大戦後の五〇年代から凋落の一途をたどり、やがて消滅。クレメンティ卿の夢も実現には至らなかったのである。

　ところが今、現実に私はかの『Ｅ＆Ｏ』を目の前にしている。ブリティッシュ・レーシング・グリーンと、ベージュ、ホワイトの三色でカラー・コーディネートされた気品あふれる車体には、マレー半島の王者タイガーをあしらった『Ｅ＆Ｏ』のエンブレムが、誇らしげに輝いている。

　それを目の当たりにした瞬間、それまで私を取り巻いていた、バンコクの喧噪も、うだるような暑さも、すべてが消滅していた。

「美しい……」と、ひと言口をついて出たあとは、もう言葉にならなかった。とびきりの美女に出会ったかのように、私は茫然《ぼうぜん》として立ち尽くしていた。

「メイ・アイ・ヘルプ・ユー？」

　この声に我に返る。傍らには、グリーン色のスーツ姿のタイ女性が笑みを浮かべていた。そしてプラットホームの脇に設置された、『Ｅ＆Ｏ』専用のチェックイン・カウンターへと案内される。そこには、土足で踏むことをためらってしまうような、ダークグリーンの絨毯《じゅうたん》が敷き詰められていた。

　そしてチェックイン。「Ｋ号車六号室」と記載されたボーディング・パスを手渡されると、間髪を入れずに手荷物はポーターの手に委ねら

すべてのキャビンには専用の洗面室とシャワー室とが完備している。 バスローブも涼しげだ。

れ、彼の先導でＫ号車へと歩を進める。

「ウエルカム・アボード！」

「ウエルカム・アボード！」

『Ｅ＆Ｏ』の前に居並ぶ乗務員たちから、次々に歓迎の言葉が投げかけられる。なんとも面映《おもは》ゆい気分にさせられるが、乗客としてこれほど心躍る歓待もまたない。

Ｋ号車の前に来ると、

「ウエルカム・サー！」

の声とともに『Ｅ＆Ｏ』のドアが内側から開けられ、エキゾチックなデザインのユニフォームに身を包んだキャビン・スチュワードに恭しく車内へと招じられた。

案内された六号車のコンパートメントに入るや、そのキャビンの華麗さに思わず声をあげそうになる。壁は繊細なマーケットリー（寄せ木細工）で飾られ、ソファーはいかにも南国の装い暖色系のゴブラン織り。窓辺のテーブルには

民俗衣装も美しいスチュワーデス。右がマレーシア
人のジューンさん。左はタイ人のソファーさん。

トロピカル・フルーツが盛られ、一輪の蘭の生花が車窓に彩を添えている。

　正面のドアを開ければ、そこは専用のシャワールームと洗面所。ヨーロッパの『オリエント急行』にシャワーはないが、『E&O』は熱帯地方を走るという配慮から、キャビンのグレードに関わりなくすべての個室にシャワーが設置されている。うれしいサービスだ。

　シャワー室には『E&O』の紋様の入ったバスローブが下がり、洗面台には数々の化粧品がセットされている。さらに、籐《とう》で編んだ籠の中には消臭剤代わりの生花が盛られている。心にくいばかりの配慮である。

　列車内とはとても思えぬ調度品の数々に感心していると、ノックの音が。扉を開ければ先ほどのスチュワード君が、ティーポットを載せたトレイを手にしている。そして直立不動のまま流暢な英語で挨拶した。

「ミスター・サクライ！　ウエルカム・ティーをお持ちしました。私はスチュワードのテノングといいます。終点シンガポールまで、私がサクライ様のお世話をさせていただきます。ご用がございましたら、なんなりとお申し付けください」

　タイ人スチュワードのスマートな口上が耳に快い。

戦場にかける橋「クワイ川鉄橋」

　一一時一〇分、プラットホームに発車の刻《とき》を告げる鐘の音が鳴り渡り、『E&O』は定刻通りにバンコク・ファランポーン駅を発車となった。シンガポールまで2052キロ、車中二泊三日、四六時間三〇分かけてマレー半島を縦断する旅の始まりである。

　観劇や音楽会にたとえるなら、待ちに待った

ベッドメイクが施されたプルマン・キャビン。
夜は上下2段のベッドがセットされる。

プルマン・キャビンの昼間の状態。 朱赤の
ランプ・シェードと蘭の生花とが旅情を誘う。

よりデラックスなステイト・キャビンは、プルマン・キャビンの 1.5 倍の室内面積。

ステイト・キャビンではソファーがツインベッドに早変わりする。では、グッド・ナイト!

タイでは牛が線路を横断することも！ ただしこれは列車通過後のこと。展望車より撮影。

映画『戦場にかける橋』で有名なクワイ川鉄橋を行く『E&O』。橋は昭和 18 年に完成。

4203

SD 32
P
UMPUR
ANGKOK

ブリティッシュ・グリーンも美しい『E&O』の車体に、ゴールド色のエンブレムが光る。

หัวหิน
HUA

ホアヒン駅。 赤い三角屋根の建物はタイ王室専用の駅舎。典雅なたたずまいに満ちている。

クワイ川観光を終えカンチャナブリ駅に戻れば
下校中の子供たちが下り列車を待っていた。

E&O
ASTERN & ORIENTAL EXPRESS

午後の太陽をうけながら、一路シンガポールに向けマレー半島を南下する『E&O』。

インテリアもまた素晴らしい。食堂車「シンガプーラ」の壁に描かれているのは漆画。

スチュワードは全員がタイの青年。敬虔な仏教徒である彼らのホスピタリティーがうれしい。

緞帳《どんちょう》の上がるその瞬間だ。その最上の時をゴージャスなキャビンで、しかも香り高いイングリッシュ・ティーを味わいながら……。

ところで、この豪華寝台列車『Ｅ＆Ｏ』は、一九九三年七月に誕生した。冒頭では『ＶＳＯＥ』や『プルマン』のような歴史はない。と記したが、一番列車運行開始までは一〇年以上に及ぶ歳月と莫大な私財が投入されている。企画したのはヨーロッパの『オリエント急行』を復活させた、ジェームズ・Ｂ・シャーウッド氏、今日のベニス・シンプロン・オリエント・エクスプレス社会長、その人である。

一九八二年五月二五日、『ＶＳＯＥ』として再開した『オリエント急行』復活一番列車の中で、シャーウッドはかつての栄光の姿を取り戻した『オリエント急行』に眼を細めながらも、実は次なる夢の実現に思いを馳《は》せていた。

その夢こそ、遠き昔日、シンガポールの駅頭でクレメンティ卿が夢見た、この『Ｅ＆Ｏ』のことであった。

『Ｅ＆Ｏ』が走るタイ国鉄、マレーシア国鉄はともに線路幅１０００ミリと共通なので直通運転は事実上可能であったが、これまでにバンコク～シンガポール間を直通する列車の前例はなく、両国鉄との折衝は困難を極めた。

さらに重要だったことは、『オリエント急行』の名にふさわしい車両の選択であった。新車を作ってしまえば簡単な話だが、ヨーロッパの『ＶＳＯＥ』も『プルマン』も一九二〇年代のビンテージ車両《カー》を使用しているだけに、それは許されなかった。しかもマレー半島縦断鉄道は線路の幅１０００ミリという狭軌《ナローゲージ》鉄道である。標準軌《スタンダード》（１４３５ミリ）のヨーロッパの大型車両が走れるわけもなかった。

白羽の矢が当たったのが、一九七二年に日本で作られ、一九八〇年までニュージーランドで活躍した寝台特急『シルバー・スター号』であった。世界でも十指に入る豪華寝台列車であったが、残念ながら航空機に旅客を奪われ八〇年に廃止された列車である。

三一両の『シルバー・スター号』はニュージーランドで船積みされシンガポールの車両工場に運び込まれ、二四両の『Ｅ＆Ｏ』に生まれ変わった。車両そのものは日本製だけあってグレードの高いものであったが、高温多湿のマレー半島の気候に対応すべく、徹底的な大改造が施された。

この改造費だけでも二千三百万ドルというから、二四両におよそ二五億円が注ぎ込まれたわけだ。ちなみに通常の鉄道車両の制作費は一両一億円と言われている。したがって、新車の製作費を越える改造費によって『Ｅ＆Ｏ』は誕生したわけだ。

古き佳き時代の鉄道車両に限りない愛着をもつシャーウッド氏の情熱によって『Ｅ＆Ｏ』は誕生したのである。

バンコクを発っておよそ二〇分、『Ｅ＆Ｏ』は長大な鉄橋でチャオプラヤー河を渡河する。すると車窓風景は、ゴチャゴチャとしたバンコクの市街地から、一転して緑も鮮やかな田園地帯にとって変わる。どこまでも続く広大な水田である。けれども日本の田圃《たんぼ》とは少々趣を異にする。青々とした稲田が続いていたかと思えば、田植えをしている所もあり、その隣では稲刈りする姿も見える。一年を通じて夏というタイでは年に三回もの収穫があるのだ。

その水田で働く水牛の姿も、あぜ道に立つ椰子《やし》の木も、南国ならではのエキゾチックな美しさにあふれている。さらに、きらびやかなワット（仏教寺院）が点在し、この国が仏教国であることを車内に居ながらにして再認識させられ

最後部のオブザベーション・カー（展望車）
では、オープンエアーが満喫できる。

EASTERN & ORIEN

るのであった。

　進行方向左側の車窓に、ひときわ背の高いパゴタ（仏塔）が近づいてきた。カメラを向けていると背後から声がかかった。振り返れば、スチュワードのテノング君である。

「ナコンパトムのチェディー寺院です。高さは１１４メートル、タイで一番大きなパゴタです」

　彼はこう解説してくれると、パゴタに向かってそっと合掌した。その敬虔《けいけん》な姿に私は少なからず感動した。

　一二時四〇分、ランチのメインディッシュを終えるころ、『Ｅ＆Ｏ』はシンガポールへと南下する本線から分岐し、西へと向かうナムトク線に入る。ナムトク線というより、旧泰緬《たいめん》鉄道と呼ぶほうがわかりやすいかも知れない。第二次世界大戦中、日本軍がタイとビルマ（現ミャンマー）とを結ぶために建設した、全長４１５キロの軍用鉄道が泰緬鉄道であった。当時日本では、タイは「泰」、ビルマは「緬甸」と表記していたので、この鉄道名がつけられたのだが、現在この路線はミャンマーまで通じていない。国境にほど近いナムトクまでの１２７キロが残るのみで、その先のレールはジャングルの中に消えている。

　けれども、この鉄道をあまりにも有名にした映画『戦場にかける橋』の、クワイ川鉄橋は現存している。本線より分岐するノンプラドック・ジャンクションより55キロの地点である。『Ｅ＆Ｏ』もまた、そのクワイ川鉄橋まで足を伸ばすのである。

　一四時二五分、リバー・クワイ・ブリッジ駅到着。短いホームが一つあるだけの小さな無人駅だが、『Ｅ＆Ｏ』の乗客はここで列車を降り、まずは全長３０５・５メートルのクワイ川

かつて泰緬鉄道で活躍した日本製の蒸気機関車C56形。リバー・クワイ・ブリッジ駅にて。

クワイ川鉄橋と少年。全長305.5 mのうち中央部以外が戦争中に造られたものだそうだ。

鉄橋の見学へと向かう。映画で見たクワイ川は深山幽谷の地を流れる急流だったと記憶しているが、実際には平坦な場所であり、しかも土産物屋が立ち並ぶ観光地に少々落胆する。

さらに映画のクワイ川鉄橋は、橋脚も橋そのものもティンバートレッスルと呼ばれる木製だったが、果たして実物は堂々たるコンクリート橋脚と鉄でできたまさに鉄橋であった。戦後になってから建て替えられたものかと思ったが、この橋は連合軍によって破壊された中央部以外のほぼ三分の二は、往時のものだそうだ。

旅先で映画の舞台となった場所を訪れることは興味深いが、時としてそれまで抱いていたイメージが壊されることもある。

けれども、鉄橋には落胆したが、次なる見学地、JEATH戦争博物館では胸が痛くなった。JEATHとは、日本、英国、豪州、タイのことで、死の鉄道「泰緬鉄道」の建設に関

ディナーのテーブルセッティングが整ったダイニングカー「マラヤ」。食堂車は2両ある。

目にも美しい二日目のディナー。マレー料理のサテーや日本の天ぷらも食卓を飾っている。

「ようこそ! ダイニングカーへ」シェフのロバートさんは、
オリエント急行と同じベルギー生まれ。

わった四か国の頭文字で構成されているのだそうだ。難工事で知られたクワイ川鉄橋は、英国はじめ連合軍捕虜の強制労働によって完成したことは、映画でも有名な話だが、実際にはそれを上回る現地人が駆り出され、病気や栄養失調で死んでいった。この博物館では、映画では美化されてしまった部分をも、正確にその惨状を伝えている。

『E&O』の乗客は続いてセメトリー（連合軍共同墓地）を訪ね、六九八二人の英霊に花束を手向け、黙祷を捧げた後、カンチャナブリ駅で待つ『E&O』へとバスにて戻る。

ディナー&バー

カンチャナブリの発車は一六時二七分、セメトリーからは一六時に戻ったので発車まで少々時間がある。バンコクではチェックイン早々、乗車してしまったので『E&O』の先頭から最後部までつぶさには眺めることができなかった。そこでカンチャナブリの停車時間を利用してプラットホームを歩いてみることにする。

この日の『E&O』は、実に二二両の長大な編成であった。内訳は、寝台車が一四両、食堂車二両、スタッフカー二両、サロンカー、展望車、バーカー、そして電源車がそれぞれ一両づつの合計二二両編成である。

寝台車にはスーペリア（スタンダード）、ステイト、プレジデンシャル・スイートの三種類がある。一両に六部屋で定員一二名のスーペリア・キャビン車が六両、一両に四部屋で定員八名のステイト・キャビン車が七両、そして最高級、一両にわずか二部屋定員四名のプレジデンシャル・スイート車が一両。総キャビン数は六六部屋、そして総寝台数は一三二ベッド。つまり二二両編成で最高でも定員一三二名という贅沢な列車なのである。ちなみにクルーはトレイン・マネージャーのクリストファー・C・バイアットさん以下五〇名が乗車している。

この数はどんな意味をもっているかといえば、夢を壊すような例を出して申し訳ないが、東京のJR山の手線ラッシュアワーのピーク時には、一両に三〇〇人以上もが詰め込まれているそうだ。二二両なら実に六六〇〇人である。日頃、東京のラッシュアワーでモミクチャにされている筆者にとって、ついつい比較せずにはいられない数字なのである。

プラットホームから『E&O』を眺めているうちに、面白いものを発見した。それは郵便ポストだ。編成のほぼ中央に連結されている食堂車のサイドに「POST」がついている。ここに郵便を入れると届くのかしらん。としげしげと眺めていると、厨房《キッチン》から顔を出したクルーに、

「シルバー・スター号だった時代のポストですよ。今は使ってませんけど」

と言われた。なるほどそれは、ニュージーランド時代に郵便局の希薄な地域の沿線住民が利用した走るポストであった。時代は変遷しても、走る線路は変わっても、古き佳き時代の残像を『E&O』は要所要所に色濃く残しているのである。

さらに車体側面には、日本の鉄道関係者が見たらジーンと来るような銘板が残されていた。それは、「一九七二年、日本車輛、日立製作所」というメーカーズ・プレートであった。

車両を外から見ていてもうひとつ気がついたことがある。各車両のナンバーの付け方である。『プルマン』ではフェニックス、アイビス、オードリイなどの愛称が付けられていたが、『E&O』は『VSOE』同様、三〜四桁

evian

深夜の駅に停車中の『E&O』。ダイニングカーの車窓には豪奢な光があふれている。

の数字である。けれども四、五、七の数字は使われてはいない。中国では古来より、四は死を暗示し、五は否定を、七は不規則を表すとのこと。『E&O』の改造工事が中国系の多いシンガポールで行われたことに、その秘密がありそうだ。あくまでも推測ではあるが。

　クルーに促されて乗車すると、ほどなく発車。『E&O』は再びシンガポールへ向け走り始めた。私はシャワーを浴び、この日のために新調した麻のスーツに着替える。ヨーロッパの『オリエント急行』では、ディナーでは男性の場合、タキシードまたはダークスーツ着用というドレスコードが適用されるが、そこは熱帯地方を走る『E&O』のこと。よりカジュアルな服装でも可、というのがうれしい。ただし、ヨーロッパ同様、ジーンズや短パンとスニーカーは御法度である。

　本日のディナーは一八時三〇分からのファースト・シッティングを予約してある。指定されたダイニングカーは二両あるうちの「マラヤ」。文字通りマレー風インテリアの食堂車である。

　今宵のメニューは、前菜にエビ餃子、続いて巻寿司とシーフードサラダ、メインディッシュはラムステーキ、レモングラス添え、そしてデザートのフルコース。フランス料理でありながら、前菜に餃子が供されるところなど、いかにも『E&O』ならではオリエンタルな味わいである。

　その間、進行方向右側の車窓からは、南国の太陽がタイ、ミャンマー国境の山端にその姿を落とす壮大なサンセットと、さらに刻一刻と、あかね色からコバルトブルーを経て、やがて南十字星輝く星空に至るまでの、空の色の移ろいを堪能することができる。

一方、進行左側の車窓より見逃せないのが、二〇時四〇分到着予定のホアヒンの駅だ。ホアヒンはタイ王朝のラマ七世が、一九二〇年代にサマー・パレスを建てたことに始まる、タイ王室の夏の避暑地であり、プラットホームには王室専用の赤い三角屋根の駅舎がある。すでに夜の帳《とばり》は下りてしまったが、夜目にも、王室専用駅舎は高雅な香りを漂わせていた。

「ディナーはいかがでしたでしょうか？」

　ベルギー人シェフ、ロバートさんが各テーブルを挨拶して歩くころ、時計の針は間もなく二一時。二時間半にわたる美味なるディナーも幕を閉じる。

　食後は、ダイニングカーに隣接するバー・カーへと居を移す。バー・カーはタイ風のインテリアでデザインされている。そしてタイの民俗衣装も美しいスチュワーデスが好みのドリンクを運んでくれる。そのコスチュームのきらびやかさに思わず、

「君はタイ人？」と聞けば、

「いいえ、マレーシア人よ。家はクアラルンプール」という意外な答えが返ってきた。

　聞けば、彼女たちスチュワーデスは、列車がタイ国内を走行中はタイの民俗衣装を、マレーシア走行中はマレー更紗《さらさ》のコスチュームを、そしてシンガポール到着時にはチャイナドレスに

スペシャル・カクテル、その名も「E&O」。ライムの香りも爽やかな女性好みのカクテル。

椰子の木そよぐマレー半島を南下する『E&O』。
最後部の展望車はオープンスペース。

着替えるのだという。心にくいばかりの演出である。

さて彼女の奨めもあってオーダーしたカクテルは、その名も「E&O」。ジンとライムをベースにホイップクリームをのせた、女性好みのカクテルであった。

ちなみにバー・カーに閉店時間という無粋なものは存在しない。最後の客がベッドルームに戻るまで、何時までも営業するのは『VSOE』同様である。バー・カーにタイ古典音楽が流れる中、『E&O』は南を目指して、夜のマレー半島をひた走っていた。

檳榔樹の王国へ

翌朝は七時に朝の気配で目覚める。『E&O』はタイ南部の田園地帯を快走していた。水田に朝日がキラキラっと輝く。水牛が気持ちよさそうに水浴している。昨日よりもローカル色が濃くなった。そして、椰子の木の背丈が昨日よりも心なしか高くなったような気がする。

パジャマのまま着替えもせずに車窓風景を眺めていると、ノックの音がする。誰だろうとドアを開ければ、スチュワードのテノング君であった。

「グッド・モーニング・サー！　ミスターサクライ！　ご機嫌はいかがですか？　よくお休みになれましたか？　ご朝食をお持ちしました。ごゆっくりお召し上がりください」

時計の針を見れば、ピタリ七時三〇分を指している。私は昨夜、「朝食は七時半に持ってきてくれたまえ」と、彼に言ったことを時計を見て思い出した。

彼はてきぱきとテーブルに朝食をセットすると、リチャード・ジノリのコーヒーカップに香り高いヨーロピアンテイストのコーヒーをなみなみと注ぎ、シュガーを一つだけ入れてくれた。私が紅茶ではなくコーヒー党であることを、ノーミルク、ワンシュガーが好みであることを、バンコク乗車直後のウエルカム・ティーで完璧にインプットしてくれたようだ。

マニュアル通り、型通りのサービスが当り前となった昨今、彼の真摯な態度は実にさわやかで快いものであった。久々に本物のサービスを受けたような気がした。

朝食後は最後部に連結されている、オブザベーション・カーへと居を移す。エアコン完備の『Ｅ＆Ｏ』二二両の長大編成の中で、唯一この展望車だけが熱帯の薫風にじかに触れることのできる場所なのである。オープンデッキに立ち、朝の風を全身に受ける。熱帯地方とはいえこの時間帯は実に清々しい。熱帯雨林の薫風である。

やがて車窓には、摩訶不思議な格好をした岩山が次々に現れた。まるで雨後の竹の子のようにニョキニョキと生えたかのようだ。映画『未知との遭遇』に登場するデビルズ・タワーにもよく似ている。その奇峰群を珍しく思ったのはどうやら私だけではなかった。オブザベーション・カーにやってくる欧米人乗客たちも驚きの声をあげ、次々にカメラを向けたからだ。

けれども、残念ながらその奇峰の名は分からなかった。オブザベーション・カーにいたタイ人ウェイターに聞いても返ってくる言葉は、「ノー、ネーム」または、「アイ、ドント、ノー！」だったからだ。土地の人たちだけの通称はあるのだろうが、果たして詳細な地図を広げても、ただ単に「ＨＩＬＬ」としか記されていなかった。

一〇時を過ぎ、それまでのローカル然とした車窓の眺めに変化が起こる。家並みが密集しは

ペナン島では2時間少々ながらミニ・エクスカーションがある。何よりの気分転換だ。

名物のトライショー（人力三輪車）に乗って、コロニアル様式の古い街並みをスナップ。

バー・カーにて熱いキッスを交わすイギリス人カップル。新婚旅行だそうだ。道理で熱々。

スコットランドの民俗衣装タータンが大好評。英国はグラスゴー在住のJ・スミスさん。

じめる。久々に大きな都市が近づいてきたようだ。地図によればタイ南部最大の都市ハートヤイである。

民家の屋根のテレビアンテナがとても高い。首都バンコクからすでに９４５キロ、アンテナを高くしないとテレビの映りが悪いのだろう。日本でも二〇年ぐらい前までは、地方へ行くと必ずといっていいほどテレビのアンテナは高かったものだ。過去のものとなってしまった日本の情景を、タイに来て懐かしく思い出す。

一〇時一〇分、ハートヤイ・ジャンクション駅を通過すると『Ｅ＆Ｏ』は約40キロ先のタイ・マレーシア国境を目指して進む。車窓からはハートヤイまでずっと続いていた水田などの農地は消え失せ、人跡未踏といった趣のジャングルが展開するのみとなった。

やがて一〇時五〇分、ジャングルの中にしては分不相応なほど真新しい、コンクリート造りの駅に滑り込んだ。ここがタイ、マレーシアの国境駅、パダンベサールであった。

もうかれこれ七年ほど前のことだが、私はこの国境駅をローカル列車で越えたことがある。タイ国鉄のかなり年代ものの急行『アンタラバンクサ号』を利用してのことである。そのころには、もちろん『Ｅ＆Ｏ』は走っていなかったし、この駅ももっと小さくて粗末な木造の駅舎であった。

タイ北部にはゴールデン・トライアングルと呼ばれる一帯があり、麻薬の産地であるため、国境駅での入国審査は、ことのほか厳しいことで知られていた。プラットホーム上には、「麻薬所持者はマレーシアの法律により死刑に処す」と、マレー語、タイ語、英語、中国語など六か国語で大書きされており、ショットガンを手にした警官が、車内を、ホームを行き来する中、タイの出国審査、マレーシアの入国審査、

タイ、マレーシアの国境付近には奇怪な格好をした山が多い。残念ながら名前は分からず。

マレーシアの税関申告と、炎天下のプラットホーム上に一時間も行列したものである。

今日もまた延々と並び続けなければならないのだろうか。そうだ、あの時は、二人のバックパッカーが連行されたまま、とうとう発車時刻になっても戻ってこなかった。あの二人はどうなったんだろう。よもや、死刑に……。

そんなことを頭に浮かべていると、車内放送がこう告げた。

「レディース&ジェントルメン、食堂車ではブランチの準備が整いました。ファースト・シッティングをご予約のお客様は、どうぞダイニングカーへお越しください」

「……」

国境駅だけに耳を澄ましてアナウンスに注目していたのだが、出入国審査に関するアナウンスは一切なく、ブランチの案内が二度繰り返されただけであった。パダンベサールの出入国審

夜のバー・カーではタイ、マレーシアの民族舞踏が披露される。 妖艶な舞いに視線集中。

査がつとに厳しいことは経験済みなだけに、不可解である。のんきに昼食《ランチ》などとっている場合ではないのでは。

半信半疑でダイニングカーへ行ってみれば、すでに先客は食事をとり始めていた。

テーブルに案内されながら、レストラン・マネージャーのパッタナポン・ワラヤノン君に出入国審査について聞いてみる。すると、

「昨日、乗車の時点で担当スチュワードにパスポートを預けましたでしょう。彼がすべて代行いたしますから、どうぞご心配なく」

と、プラットホームを指さす。そこでは私の車両のテノング君はじめ数名のキャビン・スチュワード君が出入国事務所の前で行列を作っていた。なんと、我々乗客がのんびり昼食をとっている間に、イミグレーション&カスタム手続きは進行中だったのである。

およそ三〇分間停車して一一時二〇分、国境駅パダンベサールを発車する。と同時に再び車内放送が流れる。

「アテンション・プリーズ。ただいまマレーシアに入りました。タイとの時差は一時間あります。時計の針を一時間お進めください」

少々早いブランチだなとは思っていたが、時刻は一二時二〇分となり、なるほどと納得する。

マレーシアに入って、明らかに車窓風景が変わった。ダケカンバによく似た樹木が整然と並ぶのは、ゴムの木のプランテーションである。幹のところどころに斜めに傷が入っている。その傷口の下には空き缶のような受け皿がくくりつけられている。小学生のころ、理科か社会の教科書で見たゴムの木の写真を思い出す。

続いて、これまた整然と植林された椰子の木のプランテーションが現れた。これはココナッ

ツの実をつける、あの背の高い椰子の木ではなく、太い幹と鬱蒼《うっそう》とした葉が特徴のパーム・オイル・ツリー。いわゆるシャンプーや洗剤などの原料になるアブラヤシである。

　ゴムの木とパーム・オイルのプランテーション、ともにタイではほとんど見かけなかった。その代わり、タイではどこに行っても見られた水田が、マレーシアでは少なくなった。同じマレー半島だというの、国境を越えただけで風景は一変した。

ペナン島エクスカーション

　ブランチを終え、心地好い列車の揺れに、思わず眠りに誘われるころ、『E&O』はペナン島の玄関口、バターワース駅に滑り込む。

　と、どこからともなく、太鼓の音が聞こえてくる。お祭のようであるが、いったい何であろうか。あわてて飛び起きてみれば、プラットホーム上ではチャイニーズ・ライオン・ダンス（獅子舞い）が披露されていた。それは我々への歓迎セレモニーであった。

　もとよりこの列車は、オール個室の豪華寝台列車。誰に気兼ねすることなく、このまま午睡にひた走っても一向にかまわないのだが、ここバターワースで『E&O』は二時間少々停車し、乗客にはペナン島へのミニ・エクスカーションが用意されている。私もペナン島へと向かうフェリーボート船上の人となった。

　ペナン島は、インド洋に浮かぶエメラルド、東洋の真珠、などと謳われる美しい島である。わずか二時間にも満たない滞在では、とてもこの島の魅力を堪能するというわけにはいかない。せいぜい、英国植民地時代の香りを色濃く残す、コロニアル・スタイルのジョージタウンを散歩する程度なのだが、それでも私はいいと

KEKALKAN
KEHIJAUAN
ALAM
SEKITAR

深夜1時『E&O』はクアラルンプール中央駅
に到着する。駅舎は白亜のイスラム様式。

思っている。
＊二泊三日、四六時間半を乗り続ける長い汽車旅の途中で、二時間の散策タイムは、いい運動にもなるし、何よりの気分転換だ。

なによりも汽車旅の好きな私ではあるが、長時間列車に揺られていると、衝動的に列車を降りてしまいたくなることが、ままある。そこが魅力的な町であったなら、なおさらのことだ。アメリカの大陸横断鉄道でも、シベリア鉄道でも、中国のシルクロード特急でも、何度、ふらりと降りてしまいたかったことか。

長距離列車を乗り通すということは、途中下車の誘惑との闘いなのかも知れない。ここバターワースでの二時間少々の停車は、乗客心理をたくみについた豪華列車ならではの、最高のプレゼントと感じられた。なぜなら、先を急ぐ乗客などこの列車に限っては絶対に乗っていない

ペナン島の玄関駅バターワースでは、中国の獅子舞いが歓迎のダンスを披露してくれる。

＊現在は三泊四日

のだから。

　わずかな時間ではあったが、ペナン島上陸は楽しいものであった。まずは、サマセット・モームやノエル・コワードらのお気に入りだったE&O（イースタン&オリエンタル）ホテルを見学する。

　一八八五年創業というペナン島でもっとも格式高い建物は典雅なコロニアル・スタイルであり、何より我々の列車、『E&O』の愛称の由来でもあるホテルなのだ。

　続いて、コーンウォーリス要塞、さらにチャイナタウンを見学。最後はトライショー（人力三輪車）に乗ってフェリーターミナルへととって返す。

　このトライショーがすこぶる面白かった。同行の乗客たちと二人ずつトライショーに分乗し、港へのバンダイ通りを風を切って走るのである。メインストリートだから結構、自動車も、人通りも多い。そこを全速力ですり抜けるのだ。トライショーの運転手もフェリーの出港時刻に遅れたら大変だから必死なのである。『E&O』の乗客全員が一度に乗ったものだから、何十台ものトライショーが隊列を組んで港へと急ぐ。まさに抜きつ抜かれつで、その度にヤンヤの喝采があがる。そして無事フェリー港到着。再び4・4キロの海峡を越え、『E&O』の待つバターワース駅へ。

　車内へ戻れば、スチュワードのテノング君、アフタヌーン・ティーにスコーンをセットして我々の帰りを待っていた。

深夜のクアラルンプール

　一七時四五分、『E&O』は再び走り始める。私はシャワーを浴びペナンでの汗を流す。

終着駅シンガポール。トレイン・マネージャー以下、クルーは整列して乗客たちを見送る。

緑に包まれた国際都市シンガポール。高層ビルの向こう側に古風なシンガポール駅がある。

そしてディナーのためにドレスアップ。今日はタキシードに身を包む。ただし蝶ネクタイとカフスボタンは、サロンカーにあるブティックで買い求めた、『Ｅ＆Ｏ』のオリジナルだ。蝶ネクタイは『Ｅ＆Ｏ』の緑色をベースに、マレー半島の王者タイガーと、蘭の花びらがおしゃれにアレンジされたもの。一方、カフスボタンは金色の『Ｅ＆Ｏ』の文字が光る七宝焼である。

そして今夜も一八時三〇分からのディナー、ファースト・シッティングへと向かう。ただし、ダイニングカーは昨夜とは異なり、「シンガプーラ」。内装は重厚な漆塗り、中国風である。この「シンガプーラ」に限らず、『Ｅ＆Ｏ』の内装は、ヨーロッパの『ＶＳＯＥ』、『プルマン』と同様に一九二〇年代を忠実に再現しているのだそうだ。なぜなら、一九二〇年代こそ、『オリエント急行』がもっとも光彩を放っていた時代だったからにほかならない。

ちなみに『Ｅ＆Ｏ』のインテリアは、マレーネ・デートリッヒが主演した映画『上海エクスプレス』のイメージで構成されている。デザインは『ＶＳＯＥ』の内装責任者でもあるフランス人デザイナー、ジェラルド・ガレが担当。モティーフはあくまでもアジアにこだわり、装飾品や備品は東南アジアの文化と伝統美術を尊重し、この地域最高級の素材を使用している。

さて今宵のメニューは、前菜にご当地マレー料理のサテーが供され、続いて帆立貝とキャビアのサラダ、リフレッシュメントのミント・シャーベットをはさんで、メインは鴨のステーキにシソの葉の天ぷら添え、そしてデザートであった。さらに、本日は日本からの乗客が多いということもあって、我々日本人乗客だけに、特別に天ぷらの盛り合わせが供された。シェフのロバートさんからの、美味なるプレゼントである。

　バンコクを発ってすでに一昼夜が経過している。本当なら何日でも滞在したい魅力的なペナン島を、あたかも疾風怒濤《しっぷうどとう》のごとく超特急トライショーで駆け巡った親近感からか、他の乗客たちとの話もはずみ楽しいディナーとなった。

　ことに隣席に座る、南アフリカから来たステファンさんご夫妻などは、私のテーブルにある天ぷらに興味津々で、おすそ分け差し上げた次第である。


　ディナーの後は、昨夜同様、再びバー・カーへと移動。

「グッド・イブニング・サー。ミスター・サクライ！　ハウ・アー・ユー？」

　扉を開けると、ピアノの調べとともに、スチュワーデスのジューンのとびきりの笑顔がそこにあった。

バーカーでは乗客がいる限り何時になっても、ピアノの調べは絶えることがない。

　彼女は予告どおり、マレー更紗《さらさ》を身にまとっていた。鮮やかな緑色に蘭の花が流れるあでやかなコスチュームだ。昨夜のタイの民俗衣装も素晴らしかったが、やはりマレーシア人のジューンさんにはマレー更紗がよく似合う。

　バー・カーでの今宵のエンターテイメントはマレーダンス。独特のガメラン音楽にのり、二人のダンサーが披露する妖艶《ようえん》で華麗な踊りは、乗客たちの視線を釘付けにしたことは言うまでもない。

一方、乗客の中にも拍手喝采を浴びた人がいる。英国はスコットランドからの旅行者、ジェームズ・R・スミスさんだ。昨夜はシックなブラックタイ姿であったが、今夜はなんとスコットランドの伝統衣装タータンキルトを身につけていたからだ。

その姿を見て、私はやられたと思った。日本にも伝統的な正装、着物があることを思い出したからだ。タキシード、イブニングドレスの着こなしでは、欧米人のスマートさに叶いっこない。次に乗る時には和服を持参しよう。と、私は密かに心に決めた。

『E&O』の夜も今宵が最後、明朝シンガポールに到着してしまえば、この優雅な旅も終わってしまう……。そんな名残惜しさも手伝ってか、バー・カーの人々は何時になっても立ち去ろうとはしなかった。かく言う私とて同様である。明朝のことを考えると、そこはかとない寂しさに包まれ、ついついグラスを重ねてしまうのであった。

やがて深夜の零時過ぎ、それまでは漆黒《しっこく》の闇に包まれていた車窓に、あたかも星を散りばめたかのような、豪奢《ごうしゃ》な光の帯が出現した。車内の灯りとその光の帯とが、窓ガラスの反射によって渾然《こんぜん》一体となる。手をかざしながら窓外の光の行方を追っていると、背後から声がかけられた。

「クアラルンプールよ、私の街……」

その声は、ジューンであった。

マレーシアの首都クアラルンプール。今や東南アジアで、もっとも成長著しいメトロポリスに発展しつつある。ひときわ、きらびやかな光彩を放つのは超高層ビル、ペトロナス・ツインタワーだ。その高さ４５２メートルは、シカゴのシアーズタワー（４４３メートル）を抜き去り、今や世界一＊のノッポビルとなった。やがて車窓にその姿がくっきりと映し出されるころ、『Ｅ＆Ｏ』は世界三大美駅のひとつに数えられる、イスラム様式のクアラルンプール中央駅に静々と進入し、その歩を止めた。時計の針は午前一時ちょうどを指していた。

『Ｅ＆Ｏ』はここで三十分間停車する。ほろ酔い気分の乗客たちは、タキシード、イブニングドレス姿のままで、プラットホームをしばし散策する。最終電車も走り去った深夜の駅は、昼間の喧噪を忘れたかのような静寂と冷気とに包まれていたが、『Ｅ＆Ｏ』の停車するそのプラットホームだけは、あたかもパーティー会場に化したかのような華やかさに包まれた。

もう少し、この美しい駅を眺めてみようと、プラットホームの先まで歩いてみる。見上げれば、夜の闇の中に壮麗な白亜の尖塔（ミナレット）が浮かび上がり、その頭上には南十字星《サザンクロス》が輝いていた。

終着駅シンガプーラ

最後の朝は七時三〇分、テノング君のノックで目覚める。カーテンを開けてみれば、南国の強烈な朝日とともに椰子の木の車窓風景が飛び込んできた。パーム・オイル・ツリーのプランテーションである。マレーシアが檳榔樹《びんろうじゅ》の王国であることを、ことさら印象づける風景である。彼の入れてくれたコーヒーを味わいながら、連綿と続く椰子の木に見入る。

やがて八時一五分、『Ｅ＆Ｏ』はマレー半島最南端の駅、ジョホールバルに到着した。北緯一度二七分、世界一広大なユーラシア大陸の最南端に位置する駅でもある。この駅でマレーシ

＊2021年現在　第19位

アのイミグレーションが行われるため、『Ｅ＆Ｏ』は再びしばし停車。とはいえ、出国手続きは例によってスチュワード君が代行してくれる。乗客の私は、キャビンで朝食をとっていればそれでいい。少なからずアルコールの残る身体に、搾《しぼ》りたてのマンゴジュースが心地好くしみわたる。

　九時ちょうど、ジョホールバルを発車。轟々と音を立て、『Ｅ＆Ｏ』はマレー半島とシンガポール島とを分かつ、ジョホール水道上を行く。海峡間約一キロ、海峡中央で振り返って見れば、右手後方にスルタンの王宮イスタナ・ブサールとアブ・バカール・モスクとが典雅な姿を見せていた。

　国境のコーズウェイ（土堤）を越え、緑濃いシンガポール島を走ること三〇分、『Ｅ＆Ｏ』は徐々にスピードを落とし、やがて終着駅シンガポール・ケペルロード・ステーションにその歩を止めた。バンコクから２０５２キロ、タイ、マレーシア、シンガポールの三か国を通過する二泊三日の旅は、今まさに終わった。

　椰子の葉が南風にそよぐプラットホームに降り立てば、乗客たちを見送る『Ｅ＆Ｏ』クルーの笑顔がそこにあった。私はまた来ようと心に決めた。彼らの笑顔に再び会うために。

（一九九七年四月乗車）

タイ・クワイ川 戦場にかける橋 タムカセ橋を行く

クワイ川の断崖絶壁をゆっくりと進むＥ＆Ｏ。
第２次大戦中日本軍が造った泰緬鉄道である。

E&Oの展望車よりクワイ川渓谷を眺める乗客たち。20両編成中唯一のオープンデッキ。

「タイのトロピカル・フルーツをどうぞ！」乗車2日目の午後、バーカーにてサービス。

バンコクを発って２日目の早朝、ワンポー駅を発車するＥ＆Ｏ。この先が戦場にかける橋。

仏教国タイらしく合掌で乗客を迎えるE＆
Oクルー。バンコク・ファランポーン駅にて。

E&O運行路線地図

チェンマイ
ランパーン
ミャンマー
ヤンゴン
[特別運行タイ周遊コース]
(バンコク～アユタヤ～チェンマイ
～ランパーン～クワイ川～バンコク)
ワンポー
(クワイ川)
クワイ川
タイ
ラオス
ベトナム
アユタヤ
バンコク
カンボジア
アンダマン海
ホアヒン
プノンペン
ホーチミン
タイランド湾
[定期運行]
(バンコク～クアラルンプール
～シンガポール)
パダンベサール
南シナ海
ペナン島
バターワース
マレーシア
インドネシア
クアラルンプール
ジョホールバル
シンガポール

あとがき

新型コロナウイルスのまん延により、自由に海外へ飛べなくなって一年以上経過した。フリーのフォトジャーナリストとなって三〇年、これまでに九五ヵ国を取材し、渡航回数も二四二回となったが、私のパスポートは昨年の三月から引き出しに入ったまま。自由に旅ができないことは、まさに異常事態である。

眼を閉じれば、ヨーロッパをはじめ五大陸の情景が浮かんでくる。これまで何度となく乗った「ベニス・シンプロン・オリエント急行」「ブリティッシュ・プルマン」「イースタン＆オリエンタル・エクスプレス」などの魅力的な列車は、今も走っているのだろうか？

気を揉んでいるところに、オリエント急行などを運行する英国のベルモンド社よりニュースリリースが届けられた。そこには、「ブリティッシュ・プルマン」が二〇二一年五月一九日、「ベニス・シンプロン・オリエント急行」が同五月二六日に運行を再開する旨が記されていた。よかった。ヨーロッパでは日本よりも早く、日常を取り戻しつつあるようだ。なお、アジアのオリエント急行「イースタン＆オリエンタル・エクスプレス」は九月の運行再開を予定しているとのこと。本書掲載の豪華列車のいずれもが、運行を再開するとは、著者としてこれほど嬉しいことはない。再び世界中を自由に旅することができる日まで、あとわずかとなったのだ。

さて本書『オリエント急行 究極の豪華寝台列車のすべて』は、一九九七年に世界文化社より出版された『オリエント急行の旅』と、二〇〇五年発行の軽装版をもとに、巻頭に日本で見学可能な唯一のオリエント急行である「箱根ラリック美術館」の「プルマンカー４１５８号」と、佐々木直樹氏撮影による一九八八年に日本を走ったオリエント急行のグラビア写真。巻末に「Ｅ＆Ｏ」の延長区間のモノクロ写真を加え再編集したものです。なお、第1章「ＶＳＯＥ」、第2章「プルマン」につきましては大幅な加筆訂正はしておりません。理由は一部のルートや料金などの変更はあっても、車両も運行スタイルもサービスもオリエント急行の時代を踏襲し、今日に至っているからです。なお、第3章「Ｅ＆Ｏ」は、ワンポーまで延長され旅程が一日増え、シンガポールの終着駅がケッペルロードからウッドランズに変更となりました。

読者の皆様には、どうぞ、世界一の歴史と伝統と格式に彩られた「オリエント急行」の旅をお愉しみください。

本書を出版するに当たりましては、数多くの皆様のお世話になりました。ベルモンド・ジャパンの伊藤孝弘氏、箱根ラリック美術館の林田早代氏、写真家の佐々木直樹氏。本書の第1章「ＶＳＯＥ」の初取材以来二四年間にわたってサポートして頂いた世界文化ホールディングスの高林祐志氏、本書の担当編集者、家庭画報編集部の井澤豊一郎氏、並びにオリエント急行を愛するすべての皆様に心より御礼申し上げます。

二〇二一年　七月吉日

櫻井 寛

［参考文献］

『VENICE SIMPLON-ORIENT-EXPRESS』
Shirley Sherwood 著（Weidenfeld & Nicolson 社）
『VSOE 御乗車案内』（オリエント・エクスプレス・ホテルズ・ジャパン発行）
『オリエント急行』窪田太郎ほか著（新潮社）
『図説世界の鉄道』O・S ノック監修（平凡社）
『世界の鉄道』ユージン・フォーダー編（集英社）
『英国鉄道物語』小池 滋著（晶文社）
『トマス・クック物語』ピアーズ・ブレンドン著（中央公論社）
『世界のスーパーエクスプレス』三浦幹男ほか著（JTB）
『イギリス鉄道旅物語』原口隆行ほか著（東京書籍）

［取材協力］

「BELMOND 社」（英国）
「日本航空」
「阪急交通社」
「箱根ラリック美術館」

ベニス・サンタルチア駅に停車中のオリエント急行ＶＳＯＥ。

著者プロフィール
櫻井 寛　*Kan Sakurai*

1954年長野県生まれ。幼い頃より旅と鉄道をこよなく愛し、鉄道員を目指して昭和鉄道高校に入学したが、在学中に鉄道写真の魅力にとりつかれ写真家を志す。日本大学芸術学部写真学科卒業。世界文化社写真部勤務を経て、1990年にフォトジャーナリストとして独立。1993年、航空機を使わず陸路のみで88日間で世界一周を果たす。1994年『鉄道世界夢紀行』にて第19回交通図書賞を受賞。著書は『日本縦断個室寝台特急の旅』『櫻井寛さんの全国私鉄　路線と車両大図鑑』『列車で行こう！JR全路線図鑑』（世界文化社）、『にっぽん全国100駅弁 鹿児島中央駅から稚内駅までEKB100！』（双葉社）、『日本の鉄道 路線と車両の大図鑑 JR編（講談社ポケット百科シリーズ）』（講談社）など数多い。また、東京交通短期大学では客員教授を務め、世界の鉄道にまつわる講義を行っている。

本書は1997年刊行された『オリエント急行の旅』、2005年に一部修正を加えて軽装版として刊行された『オリエント急行の旅』（いずれも小社）を基に改訂し、新規頁を加えて構成したものです。

デザイン　新井達久（装幀＋新規頁）
リトルフット
写真協力　佐々木直樹
MAP制作　板谷成雄
校正　株式会社円水社
編集　井澤豊一郎

O R I E N T - E X P R E S S

オリエント急行

究極の豪華寝台列車のすべて

発行日　2021年7月30日　初版第1刷発行
著者　櫻井寛
発行者　秋山和輝
発行　株式会社世界文化社
〒102-8187
東京都千代田区九段北4-2-29
電話　03-3262-5117（編集部）
03-3262-5115（販売部）
印刷　株式会社東京印書館
製本　株式会社大観社
DTP制作　株式会社明昌堂

ISBN978-4-418-21504-1